消費文化理論から見る
ブランドと社会

吉村純一 編著

CCT:
Consumer
Culture
Theory

中央経済社

はしがき

私たちは高度に発展した経済社会で暮らしている。インターネットが社会のいたるところにまではりめぐらされ，街ゆく人々はみなスマートフォンを所持していて，どこにいても世界の情報にアクセスすることが可能な社会である。クリック1つで買い物をすることができて，オフィスに出向かなくても自宅のリビングに居ながらにして仕事を済ますことができる。だが他方で，私たちは格差社会の進行にも悩まされている。貧困線以下の世帯が増加し，市民ボランティアの手によって運営されている子ども食堂の活躍が注目を浴びている。格差は経済的格差にとどまらず，人種，性別，年齢，教育などの問題にも及んでいる。そして私たちが実際に暮らしを営む都市においては，これら現代社会の諸側面が重層的に複雑に絡まり合っているのである。

このように現代社会を設定すると，やや視野を広げ過ぎているのではないかと感じられるかもしれない。しかし，マーケティング主体や流通業者が活動を営み，彼らが対面する消費者が暮らしているのもこのような社会なのである。具体的なマーケティングやブランドの戦略を策定したり，都市における商業施設のプランを練ったりする場合にも社会の実像を知らなければならない。暮らしの断片さえもノイズとして切り捨てることなく，この社会で生きている人々の暮らしの実像にできるだけ接近して，その時代を代表する消費生活のパターンをつかみ出すことが，現代のマーケティングや流通を理解するには必要不可欠である。本書では，現代社会における消費とマーケティングの関連を消費文化理論（CCT=Consumer Culture Theory）というフレームワークを用いて解明しようと試みるものである。

消費文化とは，その時代を代表する消費パターン，つまり日々の消費生活の中から構築された秩序であると考えてもらうと良い。それは時代とともに変容するし，地域によっても異なる姿をとるのである。したがって，ここでの消費文化とは，音楽やデザインといったいわば芸術的な消費や，各種メディアを通じた情報交流のあり方といった狭い意味に限定されるものではない。

４つの研究領域が消費文化理論の研究対象をわかりやすく示している。消費者アイデンティティプロジェクト，市場文化，消費の社会歴史的なパターン化，マスメディアによる市場イデオロギーと消費者の解釈戦略である。これらの研究領域は，いわば現代における消費研究のメニューとしての役割を果たしており，これらの領域で行われる研究群が消費文化理論と総称されている。定性（質的）調査の流派として消費文化理論という名称が用いられることもあるが，本書はそこに議論を限定しない。

本書の課題は，消費文化理論というフレームワークを用いて歴史的視点に立ち，ブランドと現代社会の実像に接近することである。暮らしの断片をノイズとして切り捨てずに，ストップモーションとして現代社会を切り取ることこそ本書の目指すところである。もちろん断片をそのまま並べるだけでは，私たちの社会を説明したことにはならない。今回その方法として消費文化理論を用いて，情報化や各種格差がもたらす現代社会の諸相に接近し，その成果をふまえて実証的なブランドの事例分析を行うことにしたのである。

また本書は，社会科学における理論的成果や質的研究の方法論的な蓄積から多くのものを活用している。コミュニケーション資本主義やクリエイティブクラスといった概念を用いながら現代社会の消費パターンに迫る一方で，スタートアップ企業やノマドにインタビューを実施し，ミニマリストの暮らしに着目したテキスト分析や，ジェンダー問題に関連した広告動画の解釈を試みるなど多様な分析方法を用いている。またブランド分析に歴史的視点を導入したカルチュラル・ブランディングという消費文化理論の中から生まれたブランド理解の方法も採用されており，ユニクロ，資生堂インテグレート，メルカリなど，多くのブランドについて事例分析が試みられている。本書のこのような試みが読者のマーケティング理解に新しい道を開くことを期待している。

編　者

目　次

第2部　カルチュラル・ブランディングのケーススタディ

第3部　消費文化視点によるマーケティング研究の新展開

プロローグ
消費文化理論がめざすところ

1 社会潮流を考えてみよう

マーケティング研究はどこまで現実を説明できているのだろうか。これはマーケティング研究に身をおく者が常に気にしているところである。またマーケティングが対応すべき消費者が大きく変化してしまったり，精査を重ねて実行されたはずの広告プロモーションが炎上してしまったりすると，私たちもその実態を解明しようと試みたり，その原因を探ってみたりするのである。

伝統的な理論研究の延長線上では解明できそうにはない現象が頻発すれば，理論の改編にも当たらなければならない。このように現場の緊張感を受けながら私たちの研究の方向性が決められているのはいうまでもないことのはずである。しかし，現実にそうなっているのだろうか。

セレクトショップを運営するユナイテッドアローズには，クリエイティブ・ディレクションを決める部門があるという。ファッション・ブランドやファッション業界には流行を決めてしまうような力があり，人々はつくり出された流れにいわば受動的に身を委ねているだけではないかと感じている人が多いかもしれない。それが人々と流行の基本的な関係であるかのように。このような思い込みをユナイテッドアローズの試みは素っ気なく否定している。実際にはもっと謙虚で柔軟なプロセスが流行とファッション業界の間には存在している。これから述べるマーケティングやブランドの話にとってとても参考になる実践をしておられるので紹介しておきたい。

ユナイテッドアローズ創業者のひとりで，クリエイティブ・ディレクションを担当する栗野宏文は，著書『モード後の世界』（栗野［2020］）において，「長いスカート」の背景にあるものという思考を提示している。なぜ長いスカートなのかその理由を探るのが大切であり，そうする人が最初に「長いスカート」が流行るのをつかむことができるという。「社会がどういう状況にあるのか，生活者はどのようなことを気にしているか，あらゆるところから情報を収集します。（中略）そうすることで，時代感を的確につかみ，どのような服であれば，お客様がお金を出して買いたいと思うのかがカタチになってくるのです」（同31頁）と。

興味深いことに，栗野は何が最新のトレンドかを追い求めるやり方を否定している。ファッションの短期的な流行りそのものをみつけ出すのはそれほど重要ではないというのである。そうではなく，社会状況や人々の関心事に焦点を当て時代感を的確につかむのが大切だと繰り返し説いている。重要なのは，「自分たちが向かう方向が社会潮流とずれていない」（同92頁）ことだという。例えば栗野は2019年，ドナルド・トランプ的な極論や自己中心的な言動が蔓延する中，グレーを秋・冬のテーマにして成功したという。「まともな大人はシリアスな方向，知的な方向」（同31頁）へ向かうと考えたとしている。

ここで問題にしたいのは，日々さまざまな問題に直面しながら生活を送り，喜んだり苦しみもがいたりしている消費者についての考察や，その洞察から得られる「社会の潮流」について理解するための努力が，これまでのマーケティング研究やその実務において重視されてきたのだろうかという点である。

2 消費パターンと快楽的消費という転換点

社会潮流をいかにして理解しそれを消費やマーケティングの解明に役立てるのか，ここに本書の課題がある。消費文化理論（Consumer Culture Theory=CCT）は現代社会を理解することと少なくとも同時に構想されなければならない研究領域であり，社会の潮流を理解するための研究枠組みとしての側面を強くもっている。消費文化理論の発展に貢献したひとりであり，のちにカルチュラル・ブランディングを展開することになるホルト（Holt, D. B.）

は，The Consumer Society Readerという出版物の編纂に加わっている。その本には，マルクス（Marx, K.），アドルノ（Adorno, T. W.）とホルクハイマー（Horkheimer, M.）やブルデュー（Bourdieu, P.）などによる消費社会を理解する上での主要論文がまとめられている。現代社会とは何かという関心をもつことは，消費文化理論をはじめるにあたってさしあたりもっておくべき姿勢であると言えよう。

ところで，1980年代初頭以降，消費研究には2つの新しい波が押し寄せた。1つは，フィラートとドラキア（Firat & Dholakia [1982]）などによるマクロの消費パターンについての一連の業績であり，もう1つは，ハーシュマンとホルブルック（Hirschman & Holbrook [1982]）などによる快楽的消費についての一連の業績であった。

マクロマーケティングの研究者たちによって展開されたマクロの消費パターンについての研究は，社会経済的な環境変化とともに消費パターンも変化するという発想に立つものであり，1980年代初頭当時の消費者行動は，受動的で，個人的で，私的で，そして疎外された消費として描かれている。彼らの研究は，マクロの消費パターン分析からポストモダン消費分析へと進化を遂げ，フラグメンテーションなどの概念を駆使しながら（Firat & Venkatesh [1993]），より複雑性を増すマーケティング時代に対応する消費研究をリードすることになった。

同時期に，やはり文化的製品や集団としての消費といった領域に着目して「快楽的消費」研究を進めたのがハーシュマンらであった。一方でマーケティング戦略に積極的に芸術的な要素が取り入れられるようになり，他方で芸術作品そのものの消費が大衆的におこなわれる時代の消費を反映していたといえよう。文学作品を読み込むかのような解釈学的な分析手法が消費研究に取り入れられることになった。

これら消費のマクロの側面や芸術的側面を重視する研究は，のちに消費文化理論のパイオニアとして位置づけられている。

3 消費文化理論の4つの研究領域

2005年に発表されたアーノルドとトンプソンによる消費文化理論の歴史をまとめた有名な論文（Arnould & Thompson [2005]）によれば，消費文化理論の研究領域は，（1）消費者アイデンティティプロジェクト，（2）市場文化，（3）消費の社会歴史的なパターン化ならびに（4）マスメディアによる市場イデオロギーと消費者の解釈戦略の4つに分けられる。

第1の領域は，消費者アイデンティティプロジェクトの領域である。消費者と市場は，消費者のアイデンティティ形成において共同の生産者であるとされた。いうまでもなく消費者はみずからアイデンティティを形成しようと試みる。これに対して市場は，消費者がアイデンティティ形成をなす上で必要な商品やサービスの提供を通じて消費者に使い勝手のよい選択肢を提供することになる。例えば，大型SUV車ハマーを所有する消費者の愛国主義的アイデンティティとそれに批判的な消費者の道徳的アイデンティティとの対立構図に関する研究がある（Luedicke, Thompson & Giesler [2010]）。また近年ではデジタル化の進展によってもたらされる拡張自己における脱物質化や，アバターやヴァーチャルな所有物に対する愛着などに関心が向けられるようになっている（Belk [2013]）。

第2の領域は，市場文化である。ここでは消費者は文化の生産者とみなされる。共通の関心をもつ消費者間の連帯などについて考察され，特殊性，分裂性，一時性などの様相を帯びながら形づくられる消費者による文化的世界に関する研究が多い。サブカルチャー，消費世界，ミクロ文化の研究などと称されることもあり，グローバリゼーションや脱産業化といった社会経済的な変化とも連動しており，カウンターカルチャーや，一時的な消費者コミュニティの形成などの若年層のサブカルチャーに焦点を当てた業績は，ネオ・トライバリズムと称される現象に迫っている。従来の消費研究においては主要な研究対象として取り扱われることがなかった，ファンコミュニティやブランドコミュニティにおける消費についても有力な考察の対象となりうるし，日本におけるオタク文化も題材となるだろう。

第３の領域は，消費の社会歴史的なパターン化である。階級，コミュニティ，民族，ならびにジェンダーといったシステム的に消費に影響を与える制度的および社会的構造に焦点をあてる領域であり，消費社会とは何か，あるいはそれはどのように形成され維持されているのかについて議論される。ブルデュー（Bourdieu, P.）の業績にみられるような社会階級と消費との構造的な関係を論じるものや，特定の消費行動を生み出すパターンについて解明するような業績もある。例えば，トルコのヘアサロンを研究対象として，貧しく教育を受けていない従業員グループと豊かで高い教育を受けている顧客グループの間の支配関係をめぐる分析（Üstüner & Thompson［2012］）があり，長期的で多面的なステータスゲームと美容産業の関係を明らかにした。経済的，社会的，ならびに文化資本において異なるバックグランドを有する消費者とサービス提供者の関係性について総合的な分析がなされている。

そして第４の領域は，マスメディアによる市場イデオロギーと消費者の解釈戦略である。広告やメディアに映し出される消費者のアイデンティティやライフスタイルの理想についての支配的な表現に消費者がどのような反応を示すのかに焦点が当てられる。消費者は支配的なイデオロギーを暗黙的に受容するような行動から，このようなイデオロギー的な強制から逸脱を試みる行動にいたるまでの範囲にポジションを得る。消費者による支配的なイデオロギーに対する異議申し立ても消費研究の中に位置づけられた点で意義があった。インドにおける反コカコーラ運動において民族主義的イデオロギーが果たした役割について論じた業績（Zhao & Belk［2008］）や，北米からアジアやヨーロッパへと進出を続けるスターバックスの拡大戦略に対して，反グローバリゼーションを主張する消費者によってインターネット上で展開された異議申し立てについて論じた業績も存在する（Thompson & Arsel［2004］）。

以上の４つの領域それぞれにおいて多くの業績が出され，また多くの場合，複数の領域にまたがる形で研究は進められている。４つの研究領域は，理論的に厳密な仕分けがなされているというよりは，次々に現れる消費に関する課題への対応をなすなかで事後的かつ便宜的に研究領域を整理したものと考えたほうが良いだろう。また，調査・研究は単独の研究領域内でなされるとは限らず，むしろ複数領域にまたがって実施されることが多い。

例えば，ドンとティアン（Dong & Tian［2009］）は，中国の消費者が競合的な国家のアイデンティティのうちの1つを強く主張するために，西側のブランドをどのように用いているのか検証しているが，消費者のアイデンティティ形成において，国家的イデオロギーとその解釈がどのように影響しているのかを探求しているものと言えよう。この場合，調査は主として消費者アイデンティティプロジェクトと，マスメディアによる市場イデオロギーと消費者の解釈戦略の2つの研究領域に関連して実施されている。実際には，複数の研究領域を行ったり来たりしながら研究の方向性がみえてくる場合が多いものと考えられる。

アーノルドとトンプソンは，研究領域間のリンケージの重要性に言及している（Arnould & Thompson［2007］）。個々のCCT研究は，4つの領域のうちいずれかの領域に主たる関心を示しているが，ほかの領域をバックボーンとしていたり，暗黙の了解事項にしていたりするため，1つの研究がすべての領域にかかわっていることさえある。また研究事例にみられるように，2つの研究領域間のリンケージに目を向けることで，新たな研究対象をみつけたり，将来研究が進むべき方向性を発見したりすることにつながるのである。

4 カルチュラル・ブランディングとは何か？

次に，消費文化理論における成果をブランド論に応用している（Holt［2002］），カルチュラル・ブランディングについて説明しておきたい。

アーカーによって「ブランドアイデンティティ」（Aaker［1995］）が提示されて以降，結果としてのブランドから起点としてのブランドへとブランド論の中心が移る。ブランド価値共創をはじめとするさまざまなブランド戦略論が提案されるようになり，戦略論ブームともいえる状況を呈するようになった。そのような系譜の1つにカルチュラル・ブランディングも存在する。

カルチュラル・ブランディング戦略とは，「ブランドを特定の種類の神話に方向づけ，その神話をどう組み立てるかを明確にする計画のことである」（Holt［2004］p. 36，訳書72頁）とホルトは述べている。神話あるいは物語をめぐり消費者との間でコミュニケーションをおこない，消費者を一定方向へと誘導し購買を導く。この場合，消費者は物語を購入しているのであり，製品はそのブランドの物語のための器にしか過ぎない。もっとも，これだけではカルチュラル・ブランディングが何なのかは必ずしも明らかではない。カルチュラル・ブランディングを他のブランド戦略と分ける特質は，ホルトが「ブランドの神話がアイデンティティ価値を生みだすためには，その時代の大きな社会的問題に直接的にかかわっていなければならない。ブランドは歴史的存在であり，その魅力は国内のもっとも重大な社会的緊張に関わる神話から生まれる」（Holt［2004］，p. 37, 訳書77頁）と述べる時に明らかになる。

カルチュラル・ブランディングとは，いうまでもなく文化を用いたブランド戦略であるが，その意味するところは，他の文化や感性を重視するブランド戦略が，その文化性や感性を製品それ自体から抽象された何かに求めているのに対して，カルチュラル・ブランディングにおいては，それは社会的で歴史的な転換からもたらされるとしており，大きく異なるのである。製品から抽象化された意味ではなく，社会的で歴史的な実体と関わることによって生みだされる神話が重要だとされる。ここが，カルチュラル・ブランディングの独自性を考える場合に最重要の特徴であるといえよう。

ホルトらによって取りあげられてきたカルチュラル・ブランディングの事例は，主として米国市場において実施されたブランディングに関するものである。これまでに取りあげられてきた事例は，知識経済社会におけるボヘミアン的ライフスタイルを表現した米国フォルクスワーゲン，労働者階級の勤勉性を強調するブランディングから男たちのコミューン的仲間関係を強調するブランディングへと切り替えを行ったバドワイザー，新資本主義文化の唱道者としてのスターバックス，持続的な社会的企業を演出するパタゴニアなどである（Holt［2004］，Holt & Cameron［2010］）。

ここでは，ホルトらのブランディング理解をわかりやすく表現していると思われる米国におけるフォルクスワーゲンの事例分析を取りあげて，その枠組みを確認しておきたい（**図表０－１**）。1960年代にシンクスモール・キャンペーンなどでデトロイト流のマーケティングを逆手にとって成功を勝ち取ったフォルクスワーゲンであったが，その後長く不調期にあった。1990年代に低迷していた米国経済は復興し，新しい時代の産業が世界経済をリードするようになる。

IT系の職業，各種専門職，芸術系の職業はクリエイティブ・クラスと呼ばれ，羨望の的となる。彼らは自由な職場を与えられ，スーツを着ないライフスタイルを楽しみ始めた。米国の新たな国家的イデオロギー「ボヘミアン・フロンティア」が広がり始めていたのである。ここで，フォルクスワーゲン神話は，ニューエコノミーの時代を迎えた1990年代末の米国の文化的状況に合致する「インディー神話」に仕立て直されることになった。

図表0－1　フォルクスワーゲンの神話再構築と文化的・政治的権威

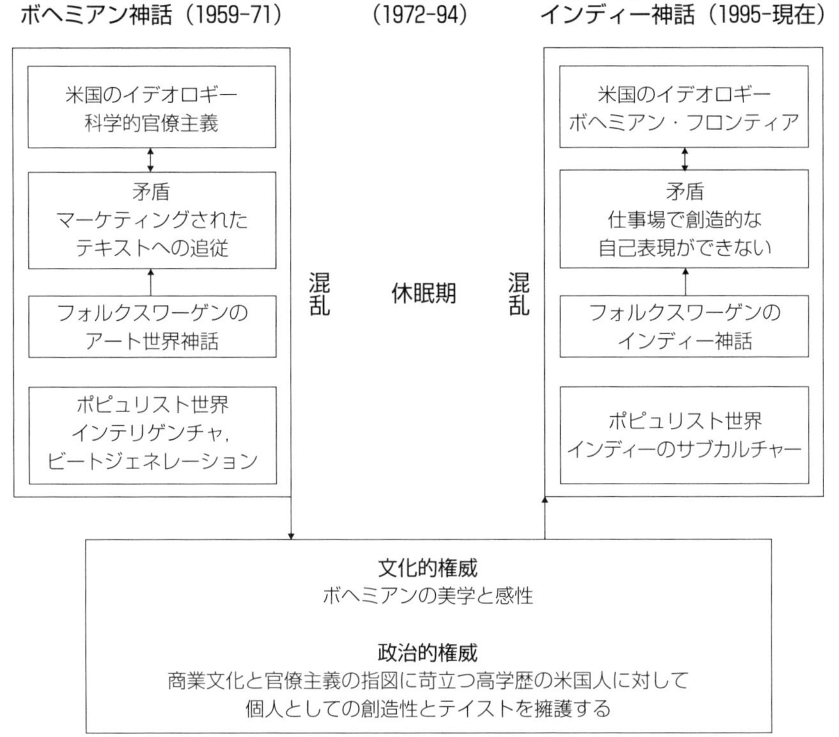

出所：Holt［2004］，（訳書：209頁）より引用.

もっともすべての若者がこのような生活を手に入れられるわけではない。旧来型の官僚主義的な要素が残るなかで，法務，医療，広報，金融などの専門家としてメインストリームの企業で働くことを強いられ，理想のボヘミアン・フロンティアとの間に矛盾を抱えて不安な日常を生きることになる。このような不安を抱く消費者にターゲットを合わせてアーティストのように創造的に生きる術を提示するブランド戦略が繰り出されることになる。「ピンクムーン」の音楽とともに夜空のもと若者たちを乗せて田舎道を走るカブリオを美しく描き出した広告は2年間にわたって放映され，米国市場におけるフォルクスワーゲンの復活を導くことになった。

5　本書を理解するためのキーワード

ここでは，本書を理解するためのキーワードについてまとめておきたい。それぞれの用語は，各章で取り扱われることになるが，読者に本書が明らかにしようとしている時代潮流やその分析手法を知ってもらうために事前にまとめておいたほうが良いと考えた。ほとんどは，すでに消費文化理論の先行研究で用いられているものであるが，本書のために新しく採用されているものもある。

①マクロの消費パターン

フィラートとドラキア（Firat & Dholakia［1982］）をはじめとするマクロマーケティング学派によるマクロの消費パターンに関する研究は，主として1970年代から80年代前半にいたる米国の消費パターンを示したものである。それぞれの時代や地域を代表する消費パターンを理解することは，消費文化研究の中核的な考え方の一つを構成していると考えて良い。購買過程にとどまらず生活過程まで射程を広げているところにも着目する必要がある。

②リキッド消費

職場で，家庭で，そして買い物の現場で，私たちの生活は流動化の度合いを強めている。社会学者のバウマンは，かつての固定的な特質をもった社会をソリッドな社会と呼び，そこから流動化を特質とするリキッドな社会への移動が進んできていると論じている（Bauman［2000］）。インターネットの発達は，このような傾向をいっそう強化しているといえよう。消費者と消費対象との関係においても必ずしも長期的な所有を前提にしない一時的関係が増加している

（久保田［2020］）。

③拡張自己

消費者アイデンティティの形成において，特定のブランドやアイテムがその補助的な役割を果たすことはよく知られている。ベルクは，ブランドやアイテムが，消費者にとっては拡張自己となることを示した（Belk［1988］）。近年この拡張自己を考える上で，ネット上のヴァーチャルな所有物やアバターへの愛着，さらにはSNS上で拡散される自己の情報やその蓄積なども新しい課題を形成しつつある（Belk［2013］）。

④シェアリング

プラットフォームビジネスの１つの現れ方として，消費者間で財や時間を共有するシェアリングが増加している。社会的にこれらを共有する行為は，人類の歴史の中に長く存在してきたが，インターネットの発達にともなって急速にその存在感を高めている。最初期のインターネット文化においては無償のシェアリングが着目されることになったが，ビジネス化が進展するのにともない幅広い解釈と評価が必要とされている（Belk［2010］）。

⑤文化資本

ブルデューは経済資本による階層関係だけでは説明できない差異＝ディスタンクシオンが存在するとした（Bourdieu［1979］）。そこで社会階層の分析に投入されたのが文化資本概念である。文化資本には，身体化された文化資本（趣味，教養など），客体化された文化資本（書籍，楽器など），制度化された文化資本（学歴，資格など）があるとされる。

⑥ジェンダー

社会的・文化的に構築されてきた性差をジェンダーという。家庭，学校，メディアなどによってそれは再生産されてきた。広告表現をめぐる炎上問題に代表されるようにマーケティング戦略の実施においても，伝統的な性役割の再生産を担ってきたメディアとともに，内在的な検証を実施することが求められている（増田・松井・津村［2020］）。また，ジェンダーをめぐるインターネット上の議論については，公共圏におけるコミュニケーション問題を提起しているといえよう（林・田中［2023］）。

⑦クリエイティブ・クラス

新しい資本主義経済の姿が明らかになるにつれて，都市間の競争が激しさを増すようになった。その中で着目されるようになったのが，「クリエイティブ」な仕事をおこなう人々の獲得競争である（Florida［2005］）。この競争の成りゆきが都市の盛衰に直結するとされる。とくにこれらの人々の自由や寛容性を希求するライフスタイルに着目する必要がある。近年では一部都市エリアへの彼らの流入がジェントリフィケーション問題をもたらしている。

6 本書の構成

本書は，３部からなっている。第１部で，消費文化と消費者アイデンティティについて論じている。第１章で，コミュニケーション資本主義の誕生という視点から，社会の歴史的転換と消費パターンの変化について論じている。第２章では，消費パターンの変化からもたらされる都市の市場文化の形成について，クリエイティブ・クラスへのインタビューなどから論じている。第３章では，情報化社会におけるノマドと称される人々のライフスタイルに着目しながら，消費者アイデンティティの形成とブランドの関係について論じている。

第２部では，カルチュラル・ブランディングのケーススタディをおこなっている。第４章では，カルチュラル・ブランディングの枠組みを提示した上で，ユニクロを事例に取りながら，ブランドを取り巻く社会環境の変化に伴って変化するブランド戦略について論じている。第５章では，同じく社会環境の変化を受けとめるブランド戦略の必要性について，資生堂インテグレートがジェンダーをめぐる環境変化の読み取りに失敗し炎上した事例から明らかにしている。第６章では，フリマアプリ，メルカリを事例に取りながら，ミニマリストに象徴されるライフスタイルに着目し，消費文化とブランドの関係について論じている。

そして第３部では，消費文化理論という視点から，新しいマーケティング研究の可能性を大胆に展望している。第７章では，グローバルに展開する多国籍企業の市場戦略を解明する立場から消費文化理論の可能性を模索している。カルチュラルスタディーズの業績との関連についても論じられる。第８章では，伝統的な商業論を踏まえた上で公共的な消費者情報システムの構築を目指す場合に，消費文化理論が果たしうる役割について論じている。

<参考文献>

Aaker,D. A.［1995］*Building Strong Brands*, The Free Press.（陶山計介・小林哲・梅本春夫・石垣智徳訳『ブランド優位の戦略』ダイヤモンド社，1997年）.

Arnould, E. J. & Thompson, C. J.［2005］Consumer Culture Theory（CCT）: Twenty Years of Research, *Journal of Consumer Research*, 31(4), 868-882.

Arnould, E.J. & Thompson, C.J.［2007］Consumer Culture Theory (and We Really Mean Theoretics): Dilemmas and Opportunities Posed by an Academic Branding Strategy, in R. Belk & J. F. Sherry, Jr. (eds) *Consumer Culture Theory, Research in Consumer Behavior*, Vol.11, 3-22. Oxford, UK: Elsevier.

Bauman, Z.［2000］*Liquid Modernity*, Polity Press.（森田典正訳『リキッド・モダニティ 液状化する社会』大月書店，2001年）.

Belk, R. W.［1988］Possessions and Extended Self, *Journal of Consumer Research*, 15(2), 139-168.

Belk, R. W.［2010］Sharing, *Journal of Consumer Research*, 36(5), 715-34.

Belk, R. W.［2013］Extended Self in a Digital World, *Journal of Consumer Research*, 40(3), 477-500.

Belk, R. W. Fischer, E & Kozinets, R.［2013］*Qualitative Consumer and Marketing Research*, Sage.（松井剛訳『消費者理解のための定性的マーケティング・リサーチ』碩学舎，2016年）.

Bourdieu, P.［1979］*La Distinction: Critique Sociale du jugement*, Paris: Éditions de Minuit（石井洋二郎訳『ディスタンクシオンⅠ』新評論，1989年）.

Dong, L. & Tian, K.［2009］The Use of Western Brands in Asserting Chinese National Identity, *Journal of Consumer Research*, 36(3), 504-23.

Firat, A. F. and Dholakia, N.［1982］Consumption Choices at the Macro Level, *Journal of Macromarketing*, 2(2), 6-15.

Firat, A. F. & Venkatesh, A.［1993］Postmodernity: The Age of Marketing, *International Journal of Research in Marketing*, 10(3), 227-249.

Florida, Richard［2005］*Cities, and the Creative Class*, Routledge.（小長谷一之訳『クリエイティブ都市経済論』日本評論社，2010年）.

Hirschman, E. C. & Holbrook, M. B.［1982］Hedonic Consumption: Emerging Concepts, Methods and Propositions, *Journal of Marketing*, 46(3), 92-101.（大津正和訳（1993）「快楽的消費」『マーケティングジャーナル』第13巻第１号.）

Holt, D. B. [2002] Why Do Brands Cause Trouble? A Dialectical Theory of Consumer Culture and Branding, *Journal of Consumer Research*, 29(1), 70-90.
Holt, D. B. [2004] *How Brands Become Icons*. Harvard Business School Press.（斉藤裕一訳, 2005,『ブランドが神話になる日』ランダムハウス講談社).
Holt, D. B. & Cameron, D. [2010] *Cultural Strategy: Using Innovative Ideologies to Build Breakthrough Brand*. Oxford Univ Pr.
Luedicke, M. Thompson, C. J. & Giesler, M. [2010] Consumer Identity Work as Moral Protagonism: How Myth and Ideology Animate a Brand-Mediated Moral Conflict, *Journal of Consumer Research*, 36(6), 1016-1032.
Schor, J & Holt,D. B. [2000] *The Consumer Society Reader*, 2000, The New Press.
Thompson, C. J. & Arsel, Z. [2004] The Starbucks Brandscape and Consumers' (Anticorporate) Experiences of Glocalization, *Journal of Consumer Research*, 31(3), pp. 631-64.
Üstüner, T. & Thompson, C. J. [2012] How Marketplace Performances Produce Interdependent Status Games and Contested Forms of Symbolic Capital, *Journal of Consumer Research*, 38(5), 796-814.
Varman, R. & Belk, R. W. [2009] Nationalism and Ideology in an Anticonsumption Movement, *Journal of Consumer Research*, 36(4), 686-700.
朝岡孝平［2021］「消費文化理論（CCT）の射程と意義」『JSMDレビュー』第5巻第1号。
薄井和夫［2019］「マーケティングと消費文化研究に関する覚え書」『埼玉学園大学紀要．経済経営学部篇』第19巻，12月。
川口高弘［2021］「文化的使用価値の根拠を問わない消費の検討－ブルデュー社会学を主な手がかりとして」『流通』第49号。
木村純子［2002］『構築主義の消費論―クリスマス消費を通したプロセス分析』千倉書房.
久保田進彦［2020］「消費環境の変化とリキッド消費の広がり」『マーケティングジャーナル』第39巻第3号。
栗木契［2008］「構築主義の視角によるマーケティング・リサーチ再考（後編）―マーケティングにおける質的リサーチの有効性」『流通研究』第10巻第3号，3月。
栗野宏文［2020］『モード後の世界』扶桑社。
島永嵩子［2021］『「お中元」の文化とマーケティング：百貨店と消費文化の関係性』同文舘。
田中晃子・吉村純一［2017］「日米におけるCCT研究の理論的発展過程に関する考察」『熊本学園大学商学論集』第21巻第1号，3月。
田中洋［2015］『消費者行動論』中央経済社。
林香里・田中東子編［2023］『ジェンダーで学ぶメディア論』世界思想社。
本庄加代子［2020］「ブランド研究におけるカルチュラルブランディングの意義の理解」『マーケティングジャーナル』第39巻第4号。
増田明子・松井剛・津村将章［2020］「消費者が語るナラティブのダイナミクス―インターネット上での「炎上」に関する解釈分析―」『JSMDレビュー』第4巻第1号。
松井剛［2013］『ことばとマーケティング：『癒し』ブームの消費社会史』碩学舎。
吉田満梨・水越康介［2012］「消費経験論の新展開に向けて―実践的転回についての考察」『流通研究』第14巻第1号。
吉村純一［2010］「消費文化理論がマーケティング研究にもたらすもの」『熊本学園商学論

集』第16巻第1号，9月。
吉村純一［2013］「現代マーケティングにおけるカルチュラル・ブランディングの位置―ブランド戦略における歴史性をめぐって―」『流通』第33号，12月。
吉村純一［2017］「消費文化理論と流通機構の解明」木立真直・佐久間英俊・吉村純一編著『流通経済の動態と理論展開』同文舘。

第 1 部

消費文化と
消費者アイデンティティ

第1章

コミュニケーション資本主義における消費パターン

1　消費文化理論が問いかけるもの

消費文化理論（Consumer Culture Theory: CCT）とは，その提唱者であるアーノルド（Arnould, E. J.）とトンプソン（Thompson, C. J.）によれば，「消費行為と市場，そして文化的意味の間の動態的な関係を扱う一群の理論的な視点」である（Arnould & Thompson［2005］，p.868）。ここでの文化的意味とは，「アメリカ文化」とか「日本文化」とかいうような，ある社会において集団的に共有された極めて同質的な意味の体系を指すのではない。CCTが探求するのは，「グローバリゼーションや市場資本主義という，より広い社会歴史的な枠組みの中で部分的に重なり合って存在している文化的諸集団の多様性」である（*Ibid*., p.869）。

こうして，アーノルドとトンプソンは，消費文化が，「市場によって成立する」ことを強調する（Arnould & Thompson［2005］，p.869）。「市場が仕立てる商品と，欲望を掻き立てるマーケティングによる象徴の消費が，消費文化の中心である」（*Ibid*., p.869）。消費文化とは，「商業的に生産されたイメージやテキストやモノの相互連結システムであり，そのシステムを採用する集団ごとに，環境についての共通感覚をつくり出し，経験や生活を方向づける」（*Ibid*., p.869）。「消費文化は因果力として行為を決定づけるのではない。……消費者が想像できる行為や感覚や思考の範囲を枠づけ，行動や意味解釈について，ある特定のパターンをつくり上げる」のである（*Ibid*., p.869）。

以上のようなCCTには，CCTを日本において早くから論じている吉村純一も指摘するように，大きく2つの特徴があるということができる。「マーケティングと消費の間には相互作用が存在することを念頭に置いている点」と「社会歴史的な消費パターンが存在し，それは消費現象の発現に影響を及ぼしていると考えている点」である（吉村［2017］，68頁）。

CCTのこうした特徴は，CCTの形成過程を考察することでより明確になる。吉村は，**図表1-1**を示しながら，CCTには2つの源流があることを指摘している。その1つは，フィラート（Firat, A. F.）らによる「マクロの消費研究」である（Firat［1977］，Firat & Dholakia［1982］）。そこでは，生産と消費の「弁証法的な関係」に基づいて，**図表1-2**に示されるように，受動的で個人的で私的で疎外的な消費パターンが資本蓄積の論理と矛盾しないがゆえに支配的になっていることが主張された。そして，その後の「ポストモダンの消費研究」に至っては，マーケティングと消費の相互関係の分析に基づいて，消費者の解放の可能性と消費パターンの変化の可能性が論じられた（Firat & Venkatesh［1995］，Firat & Dholakia［1998］）。

図表1-1　消費文化理論の形成過程

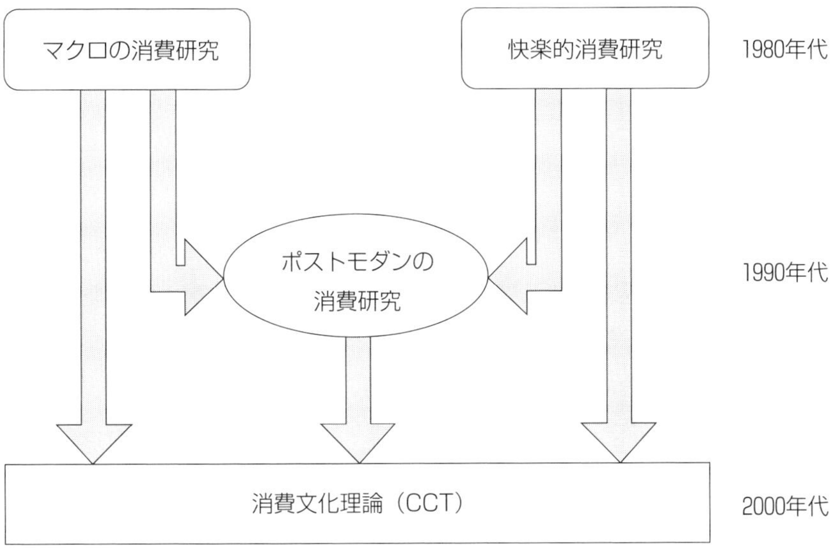

出所：吉村［2017］，70頁。

図表1-2　1980年代の先進資本主義社会に支配的な消費パターン

次　元	幅
人間的なかかわり	受動的 ──●────────── 能動的
社会的な関係	個人的 ──●────────── 集合的
財の利用可能な領域	私　的 ──●────────── 公共的
生産者と消費者の関係	疎外的 ──●────────── 共働的

注：●は支配的な消費パターンの傾向を示す。
出所：Firat, A. F. & Dholakia, N.［1982］, p.11.

源流のもう1つは，ホルブルック（Holbrook, M. B.）らによる「快楽的消費研究」である（Hirschman & Holbrook［1982］, Holbrook & Hirschman［1982］）。そこでは，マーケティングからの刺激に対する反応型の消費者概念が批判され，「あいまいで偶然が作用する世界の中で……『自分たちの手で現実を構成し確認する』……いわば『意味構成的あるいは自省的』消費者概念」が提案された（石井［2004］, 235頁）。そして，その後の「ポストモダンの消費研究」に至っては，「あいまいで偶然が作用する世界」であるがゆえに，消費は指数関数的に再帰化する露出症・窃視症共存関係によって虚構化し，そうした消費を伝道するマーケティングが消費の意味を形作る救済のレトリックになると論じられた（Holbrook［2001a］；［2001b］）。

見られるように，2つの源流とも，マーケティングと消費の間の相互作用の分析に基づきながら，社会歴史的に特定的な消費パターンあるいは消費のモードについて考察している。つまり，その源流からして，「消費文化理論の諸研究の目指すところは，より現代的な時代状況における消費パターンの解明にある」のである（吉村［2010］, 26頁）。それは，「マーケティングと消費の両者がいかに連結されているのか，その連結の様式を消費生活の側からパターン化して示すということである」（同上26頁）。

では，今日の社会歴史的状況における消費パターンとはどのようなものであろうか。本章の目的は，CCTが問いかけるこの問題を明らかにすることである。

2 コミュニケーション資本主義

2.1 コミュニケーション資本主義の概念

今日の社会歴史的状況における消費パターンの解明のために極めて有益な示唆を与えてくれると思われるのは，アメリカの政治学者ディーン（Dean, J.）が提起する「コミュニケーション資本主義」という概念である。「コミュニケーション資本主義とは資本主義と民主主義のある特有の交わりを意味しており，そこでは，民主主義の中心として称賛される価値が，ネットワーク化されたコミュニケーション技術に包まれて物質的な形態になる」（Dean［2019］, p.33）。つまり，この概念が示しているのは，アクセス権や発言権，包摂や討議や参加といった民主主義の中心的な価値が，グローバルな遠隔通信の拡大と強化と相互接続によって資本主義に取り込まれ，「資本の生産と循環の主成分」になっているという今日的な社会歴史的状況である（*Ibid.*, p.33）。

このことは，ディーンのいう「参加型メディア」，すなわちFacebookやInstagram，X（旧Twitter）といったソーシャルメディアを思い浮かべると分かりやすい。それらは，個人が意見を表明し，他者との意見交換を通じて交流を深めることを，それ以前には考えられなかったほどのレベルで可能にする。ソーシャルメディアを介して参加者が増加し，その動きが各地に広がっていった「ウォール街占拠運動」や「＃MeToo運動」などを想起すれば，ソーシャルメディアは民主主義の理想を実現する極めて重要な契機であると考えることもできる。「しかし，一方で，個人の検索，投稿，写真のアップといったメディア利用の履歴，ウェアラブル端末が記録した心拍数や血圧など身体に関する情報は，ビッグデータとして企業によって収集・解析され，企業の商品開発やコミュニティの再開発，個人や企業に向けた最適な広告を提供するマーケティング技術として組織されている」（伊藤［2019b］, 269頁）。

こうしたことから，ディーンは，「産業資本主義が労働力を搾取したのに対して，コミュニケーション資本主義はコミュニケーションを搾取する」と主張する（Dean［2019］, p.34）。つまり，「デジタル通信回路を循環・流通する膨大な情報の活用が，資本の増殖過程にとって中心的なメカニズムをなしている事態を，この概念は指示している」（伊藤［2019b］，269頁）。ディーン自身も触れているように，コミュニケーション資本主義の概念は，ソーシャルメディアが未だ登場していない段階で示されたハート（Hardt, M.）とネグリ（Negri, A.）の次の知見，すなわち，「コミュニケーションとは，資本主義的生産の形態である。その形態においてはあらゆるオルタナティヴな通路を封殺しながら，資本が完全かつグローバルに社会をその体制に従属させることに成功したのである」という知見をバージョンアップしたものと考えることができる（Hardt & Negri［2000］，p.347，訳書436頁，Dean［2010］，p.4）。コミュニケーション資本主義の概念は，それまでの資本主義との連続性を有しながらも，それとは明らかに異なる論理で駆動する新しいタイプの資本主義が現れたことを示しており，今日の社会歴史的状況における消費パターンの解明のために極めて有益な示唆を与えてくれると考えられる。

2.2　コミュニケーション資本主義の特徴

2018年に行われたディーンの講演をベースにコミュニケーション資本主義について論じた伊藤守によれば，コミュニケーション資本主義には４つの特徴が存在する。第１は，「主体の発話や文字言語による投稿メッセージが『ビジネスの論理』によって数として計測されることである」（伊藤［2019a］，７頁）。「ビジネスの論理」とは，「多数であることこそが重要である」ということであり，投稿されたメッセージがたとえ「虚偽」の情報であっても，それが刺激的で人目を引き，アクセス数が増加すれば，そのページの広告価値が高まり，企業利益は向上するということである。つまり，コミュニケーション資本主義では，「メッセージの交換価値がその使用価値を上回る」（Dean［2009］，p.26）。アクセス数の多い情報の方が，その内容や真偽とは無関係に，経済的価値があると判断されることになる。

社会的なコミュニケーションがこれまでにない広がりと深度で「ビジネスの論理」に組み込まれていることは，『Yahoo!ニュース』や『Googleニュース』，『グノシー』や『スマートニュース』といったニュースサイトを思い浮かべると分かりやすい。そこでは，ニュースバリューは，ジャーナリズム機関がその存立根拠を懸けて決定する「伝えるべきニュース」「伝えたいニュース」として決まるのではなく，アクセス数によって決まるのである。また，「個々のニュース項目へのアクセスがデータとして集積され，どのジャンルのニュースが好まれるのか，どんな見出しや単語による表現がユーザーの選択を導きやすいのかといった目的の下で膨大なデータが解析され，その解析結果が，効率性と利益性の基準に従ってニュースサイトのトップページの上位にニュース項目を配置すること，さらにはユーザーが選択する際の注意や関心を一瞬のうちに引き付ける語句の継続的な更新に，活用されている」ことに鑑みれば，コミュニケーション資本主義は，その内部に「アテンション・エコノミー」を組み込んでいるということができる（伊藤［2019a］，9頁）。つまり，デジタル・コミュニケーションの発達に伴う情報過多によって相対的に希少化する消費者の注意や関心をいかにして獲得するかということが，コミュニケーション資本主義では重視されている。

第2の特徴は，「『ビジネスの論理』主導の情報空間の内部に極度のヒエラルヒーが構築される」ことである（伊藤［2019a］，9頁）。いうまでもなく，その頂点に位置するのは，GAFA（Google，Apple，Facebook，Amazon）に代表される巨大プラットフォーム企業である。

第3の特徴は，「公開性という概念ないし言説のねじれとでもいうべき事態の進行である」（伊藤［2019a］，11頁，Dean［2002］）。デジタル技術の進展に伴う膨大な情報により，秘密の領域が縮小し，公開性が拡大され，そのことが民主主義を強化するという考え方や言説は，一見正しいように見える。だが，公開性の拡大という事態の背後で実際に進展しているのは，秘密・機密の領域もまた拡大しているという事態である。例えば，「GoogleやYahooの検索システムの利用履歴のデータ，ネットによる商品の購入履歴のデータ，クレジットカードの個人データ，これらの個人情報がフローの空間を移動し，集積され，ビッグデータとして処理されて，企業のマーケティング戦略のために活用されることはそれなりに聞かされているとはいえ」，その具体的内容は機密の領域にある（伊藤［2019a］，12頁）。つまり，デジタル技術の進展は，公開性の拡大という言説の背後で機密の領域を拡大させるのであり，それを駆動力とするのがコミュニケーション資本主義なのである。そこでは，公開性もまた，民主主義ではなく資本主義に貢献するかどうかによって評価されることになる。

第4の特徴は,「ソーシャルメディアが情動的ネットワークとして機能しているという点である」（伊藤［2019a］, 15頁）。情動とは,「その刺激がなんであるかを知らないまま，また意識しないまま生起する現象」である（同上15頁）。「ある危険な状況に遭遇したとき，人はそれが何か意識することなく，意識する前に，咄嗟に身をひるがえして，その危険から逃れようとする。……あるいは，サッカーの試合で劇的なゴールシーンを見たとき，全身に電流が走り思わず立ち上がり歓声を上げるだろう。つまり，怖い，嬉しい，といった感情が表出される手前で，つまり意識する以前の段階で生起する現象が情動現象なのである」（同上16頁）。すなわち，ソーシャルメディアは，そこで「何がいわれているか」をユーザーが意識的に認識する以前に，ユーザーに何らかの現象を生起させるということである。

第1の特徴として確認したように，コミュニケーション資本主義では,「何がいわれているか」よりも「アクセス数の多さ」が重視される。したがって，ソーシャルメディアの投稿者は,「何を述べるか」よりも,「思わずアクセスしたくなる見出しや単語とは何か」, 換言すれば,「ユーザーのアクセスを導く情動を生起させる見出しや単語とは何か」を考えて投稿することになる。こうして，ソーシャルメディア，あるいはコミュニケーション資本主義においては,「言葉としてその本来の状態を表す言葉が，イメージという見世物的な形態になる」（Dean［2010］, p.89）。そして,「イメージとなった言葉が感情を刺激する」のである（*Ibid*., p.90）。

2.3　個人化された「参加型」メディア

以上の議論から確認すべきは，コミュニケーション資本主義においては,「精神分析の用語でいえば，象徴的アイデンティティはいよいよ無意味である」ということ,「その代わりにわれわれが手にしているのは，過剰な享楽，すなわち楽しめという命令によって支えられた想像的アイデンティティである」ということである（Dean［2010］, p.76, ルビは原文イタリック）。コミュニケーション資本主義において象徴的アイデンティティが無意味化し，想像的アイデンティティが前景化する理由は，同じく精神分析の用語でいえば，象徴的アイデンティティが，「他者の発する禁止の言葉によりもたらされる構造化の世界」において確立されるのに対し，想像的アイデンティティは，「イメージの支配する世界」において確立されるからである（福原［2005］，348頁）。

こうした事態から，ディーンは２つのことを主張する。その１つは，ソーシャルメディアは，「個人化された『参加型』メディア」であるということである（Dean［2010］，p.82）。見てきたように，コミュニケーション資本主義において情動的ネットワークとして機能するソーシャルメディアでは，言葉はイメージになる。つまり，ソーシャルメディアの世界は，他者の発する禁止の言葉によりもたらされる構造化の世界ではなく，禁止のない自分本位なイメージの支配する世界である。したがって，ソーシャルメディアは，他者性を欠いたメディア，すなわち個人化されたメディアであるということになる。

このことは，「たとえば環境問題について，あるいは経済問題や歴史認識問題について，まったく異なる現状整理と分析を自信たっぷりに語る専門家やブロガーの群れを……あるいは，ちょっとだけ世代が異なる，あるいは文化的背景が異なるだけで，もうまったく会話ができなくなってしまうネットでのコミュニケーションを」思い起こせば分かりやすい（東［2015］，108頁）。東浩紀がいうように，他者との間で言葉を尽くして討議を交わせば，「自分たちの意見の食違いを調停して，同意に達することができる」というハーバーマス（Habermas, J.）の想定は，ソーシャルメディアにおいては成立しないのである（Habermas［1981］，訳書27頁，東［2015］）。ディーンは，コミュニケーション資本主義において，「われわれは，連合する見込みのない主体として，すなわち連帯を渋り，集合性に疑いを抱く主体としてつくり出されている」と主張する（Dean［2010］，p.82）。

2.4　欲望から欲動への移行

もう１つ，ディーンは，象徴的能力が衰退するコミュニケーション資本主義において，「われわれは，欲望ではなく欲動の領域に入り込んでいる」と主張する（Dean［2010］，p.87）。この欲望と欲動のギャップは，ディーンが繰り返し依拠する精神分析家のジジェク（Žižek, S.）によれば，次のように説明される。「なんらかの単純な肉体作業――たとえば自分の手を逃れつづける対象をつかむこと——を実行しようとしている個人を思い浮かべてみよう。かれが態度をかえた瞬間，対象をつかもうとしては幾度となく失敗し，うまくいかない作業を反復するのに喜びをおぼえはじめた瞬間，かれは，欲望から欲動へと移行したのである」（Žižek［2006a］，p.7，訳書20頁）。つまり，「欲動は，拡大する自己再生産という際限のない循環運動に従事しようとする非人格的強迫である。……欲動の（真の）目的は，この循環そのものの際限のない継続である」（*Ibid*., p.61，訳書114頁）。

見てきたように，ソーシャルメディアでは，より多くアクセスされることを求めて投稿が行われる。「それは，他者による承認を求める，あるいは自己肯定感を満たしてくれる他者からの応答を求める自己呈示への欲求があるからこそ，である」（伊藤［2019a］，24頁）。しかし，この欲求は満足の域に達することはありえない。なぜなら，ソーシャルメディアの世界は，他者性を欠いた自分本位なイメージの世界だからである。井上俊らがいうように，「自己意識や自己イメージは明らかに先天的なものではなく，社会の中で，他者とのかかわりを通して形成されたもので［ある］。そして，社会や他者とのかかわりの中で絶えず変化していくものでもあ［る］」（井上・船津［2005］，ⅰ頁）。土井隆義が端的にいうように，そもそも「自分と異なった他者が存在していなければ，なにが自分の特質なのか判断のしようがない」（土井［2004］，26頁）。だが，ソーシャルメディアの世界は，他者性を欠いている。つまり，「自らの分限を知るための社会的な視座がそこには存在し［ない］」（同上42頁）。準拠点がなければ，そこでの自己呈示への欲求には終わりがなく，無限に肥大し続けることになる。こうして，自分の手を逃れ続ける想像的アイデンティティをつかもうとしては幾度となく投稿を行い，やがて投稿それ自体に喜びを覚えるようになると考えられる。

2.5　相互受動性

こうした欲望から欲動への移行にかかわって注目しておきたいのは，相互受動性（インタパッシヴィティ）の概念である。この概念は，例えば，「人びとが劇場でギリシア悲劇の上演を楽しんでいる」とき，「われわれの心の奥から自然に湧き上がってくる，泣くとか笑うといった感情や反応を，誰か他人が引き取り，われわれの代わりに経験してくれる」ことを暴露する（Žižek［2006b］，pp.22-23，訳書49頁）。ジジェクが挙げる例で説明すれば，葬儀で泣くために雇われる「泣き女」たちが，死者の親類たちの嘆きや悲しみを引き取り，代わりに泣いてくれるおかげで，葬儀に出席している親類たちは，例えば遺産の分割といったもっと有益なことに時間を使うことができる。あるいは，テレビのお笑い番組のあらかじめ録音された笑い声が，一日の辛い労働の後で疲れ果てた私の代わりに笑ってくれるおかげで，番組を見終わったときには，私は随分疲れが取れたような気になる。つまり，この概念が暴露しているのは，われわれは，各々の経験を悲しんだり楽しんだりする相互に能動的な存在であるというよりもむしろ，誰か他人が悲しんだり楽しんだりしているのを見ることで悲しんだり楽しんだりしている相互に受動的な存在であるということである。換言すれば，われわれは，われわれの悲しみや楽しみを奪い取った「大文字の他者」，例えば，「泣き女」や「録音された笑い声」といった「1つの定点としてわれわれに先立ち，主体を無化することもそこにつなぎ止めることもできる原理上到達不可能な地点に位置する」（福原［2005］，95頁）他者を通じて悲しんだり楽しんだりしているのである。

こうしたことから，ジジェクは，「相互受動性においては，私は〈大文字の他者〉を通じて受動的である」と指摘する（Žižek［2006b］，p.26，訳書53頁）。「私は自分の経験の受動的な側面（楽しむこと）を〈大文字の他者〉に譲り渡し，私自身は能動的に働き続ける（泣き女たちが私の代わりに嘆き悲しんでいる間に，私は死者の遺産の配分を考えている）」（*Ibid*., p.26，訳書53頁）。そして，ジジェクは，「危険なのは受動性ではなく似非能動性，すなわち能動的に参加しなければならないという強迫感である」（*Ibid*., p.26，訳書54頁）として，次のように主張する。「このような相互受動的な状態に対する，真の批判への第一歩は，受動性の中に引き籠もり，参加を拒否することだ。この最初の一歩が，真の能動性への，すなわち状況の座標を実際に変化させる行為への道を切り開く」（*Ibid*., p.27，訳書54頁）。

だが，欲動の領域に入り込み，投稿それ自体に喜びを覚えているコミュニケーション資本主義では，この最初の一歩がとりわけ難しい。毛利嘉孝がいうように，「このことは，インスタグラムにアップロードされている大量の食品の写真を見るだけでも理解することができるだろう。……大量に食べ物の写真をインスタグラムにあげている人は，食事そのものを楽しむのではなく，ほかの人がその写真を見て『おいしそう』だと思い，『いいね！』ボタンをクリックするのを見て楽しんでいる。『いいね！』ボタンをクリックしている人もまた，誰かがおいしそうなものを目の前にしている写真を通じておいしさを享受している。ここで後景化しているのは，写真に写っている食べ物そのものを実際に食べてそのおいしさを享受するという経験そのものである」（毛利［2019］，250頁）。

ここで確認すべきは，「インタパッシヴィティが駆動しているのは，……画像や映像，イメージなど非テキスト的あるいは前言語的な領域である」ということである（毛利［2019］，250頁）。つまり，「ここで人々の行動を組織化するのは，テキストによって輪郭を描くことができるイデオロギーではなく，人々の間に交わされる身体的な経験を中心とする情動なの［である］」（同上250頁）。したがって，毛利は，「GAFAのようなトランスナショナルなメディア産業が提供するプラットフォームは，『情動の共同体』を形成する」と主張する（同上250頁）。「情動の共同体は，インタパッシヴな主体がメディアとデータベースのフローの中で徹底的に断片化され，その情動の多くも『いいね！』ボタンやリツイート機能によってマーケティング活動に捕捉されてしまっている」共同体である（同上250頁）。

3　〈GAFA〉と主体・生・自由

3.1　安全装置としての〈GAFA〉

では，GAFAに代表される巨大プラットフォーム企業は，どのようにして情動の共同体を形成し，コミュニケーション資本主義の頂点に位置するようになったのだろうか。この問題を考察するために注目すべきは，柴田邦臣の議論である。柴田は，GAFAと「類似のサービスを提供する新旧の主体を含んだ象徴例」を「〈GAFA〉と表記する」（柴田［2019］，217頁）とし，〈GAFA〉が私たちの生活のありようや存在そのものに染みわたり，「〈生きること〉そのものをデータ化していく」（同上50頁），その過程について分析している。

その分析は，「なぜ〈GAFA〉は，私たちにここまで『やさしい』のか，なぜこれほどまで私たちに『寄り添った』サービスを『無料で』，『私たちのために』提供してくれるのか」という問題意識から始められる（柴田［2019］，54頁）。好例として挙げられるのは，Amazonの「リコメンデーション」である。柴田がいうように，Amazonが他の通販サイトと決定的に異なるのは，「この商品をチェックした人はこんな商品もチェックしています」と，別の候補も勧めてくれる点にある。このようなリコメンド機能は，Googleの検索候補やAppleの音楽候補，Facebookの知り合い候補にも見られる。各利用者に必要な情報を選び出して教えてくれる点で，〈GAFA〉は利用者に徹底的に寄り添っている。柴田によれば，「ユーザーが多くの情報の中から自分の興味あるものを見つけたい時に，検索だけではなく，受動的に受け取れる選択肢を提示するという『やさしさ』こそが，リコメンデーションの真髄である」（同上54頁）。

ここにおいて，まず確認しておくべきは，「〈GAFAのやさしさ〉の本質は，『生－権力』という安全装置として理解する必要がある」という議論である（柴田［2019］，56頁）。大澤真幸がいうように，「権力についての最も一般的にイメージされている状況は，他者の脅しによって，私が欲してはいないことをやらされる，という関係のあり方であろう。最も強い脅しが，死への脅しである。他者は，私を殺すことができる。私は，死を回避するために，他者の命令に従わざるをえない。……それは，殺す権力，死への権力」である（大澤［2013］，14頁）。これに対し，「生への権力，生かしめる権力……臣民の生命や健康をこそ第一義的な配慮の対象とする権力」（同上15頁）が，フーコー（Foucault, M.）のいう「生－権力」である。そして，この「生－権力」を発動させる装置が，同じくフーコーのいう「安全装置」である。フーコーによれば，「この安全装置は第1に，当該の現象を，一連の蓋然的な出来事の内部に挿入するようになる。第2に，この現象に対する権力の対応が何らかの計算のなかに挿入されるようになる。つまりコストの計算で［ある］。そして最後に第3に，許可と禁止という二項分割を設定する代わりに，最適と見なされる平均値が定められ，これを超えてはならないという許容の限界が定められるようになる」（Foucault［2004］，訳書9頁）。すなわち，「安全装置は第1に，具体的な現象を集合として把握する。第2にそれを統計学的手法により計算する。……第3に計算結果が，基準として設定される」(柴田［2019］，74頁)。

このことを，柴田は，Appleの「ヘルスケアアプリケーション」を例に説明している。それによれば，このアプリの最も重要な役割は，身長や体重，服用中の薬やサプリメント，血圧計の測定値や歩数計の記録など，ユーザーの身体情報と健康情報をApple WatchやiPhoneのセンサーを使って計測・収集し，モニタリングすることである。ヘルスケアアプリは，体脂肪率やBMI，持病の状況などの健康情報を，例えばBMIは25を超えなければ安全という基準値とともに表示してくれる。「私たちはヘルスケアアプリのサジェスチョンに従い，健康的な食生活を心がけたり，フィットネス機器で運動したりして，生活改善に努めるだろう」(柴田［2019］，59-60頁)。〈GAFAのやさしさ〉の本質は，まさに「生－権力」という安全装置として理解することができる。

3.2　基準の規律的発動

しかしながら，ここで重要なのは，「ヘルスケアアプリは行動情報や身体情報をモニタリングし続けることで，……『規律－訓練』を与え稼働させる一望監視的な装置の役割を担う」ということである（柴田［2019］，60頁)。Appleの「ヘルスケア」にせよ，「Google Fit」にせよ，〈GAFA〉が設定する基準は，膨大なデータを収集し，それを統計学的手法により計算した結果である。それゆえ，「私たちはその下で，自ら……を基準に合致させるよう努力しつづける主体となる。安全装置が出力した〈基準〉が，発動の局面で〈規律〉のように機能しているのである」(同上64頁)。つまり，「プラットフォーマーが実現しているのは，安全装置が出力した基準を，規律のように発動させる作用である」(同上64頁)。

安全装置が規律的に作動している代表例として，柴田は「介護保険」を挙げている。それによれば，「対象者を集団として把握し階層化する機能の多くは，介護保険においては『要介護認定』が担当している」(柴田［2019］，65頁)。要介護認定では，申請者の状態を数量化し，その値とタイムスタディ・データ，すなわち過去の実際の介護時間のデータとの関連性を分析することで，「介護の手間」の総量である要介護認定等基準時間を推計している。要介護認定の正しさは，第1に，数多くのケースを仔細に調べ上げデータ化する科学的な調査手法によって，第2に，申請者一人ひとりからの慎重な聞き取り調査によって，強固に支えられている。「可能な限り現実をふまえて分析された要介護度は，まさに『あなたをモニタリングした，あなたに合致した』基準なのである」（同上66頁）。

さらに柴田によれば，「現在の介護保険は『適正化』と『指導監査』の色に彩られた制度でもある。……介護給付費の適正化は，介護保険を使うべきでない例や，使い方がよくない例を把握し，是正することを目的としている。……その『適正化』の中心的な不正検知の手法は，不正を行っている主体を探しに行くのではなく，地域・自治体・保険者，そして事業者ごとの給付状況を把握し，全国平均や標準的な目標と比較するというものである。……どこかがとびぬけて多かったり少なかったりすることがわかると，そこに適正ではない受給状況，そしてサービスの実施が存在していると判断され指導が入る」（柴田［2019］，67-68頁）。

以上に続けて柴田がいうように，「主体ひとりひとりを個別に調査するのではなく，概観の数値から分析し管理するあり方は，まさに安全装置の真骨頂ともいえよう。しかしここで注目するべきは，それが『適正化の運動』としてはじまっている点である。……『典型的な不正例の紹介』，『成果を上げているモデルケースの紹介と勧奨』，『自己目標の設定と自己評価』……それらを講習等で徹底し，それぞれの主体の意識に植え付け，運動を喚起することが，『介護給付適正化運動』の目的であった。……この特徴は，『適正化』のロジックが存在しており常に稼働していることを，介護保険に関係するすべての主体に認識させることにあると言ってもよい。つまり自分たちのサービス場面や給付管理の場面が，一望監視的に見張られていることを意識させるという，〈規律的な発動〉こそが本質なのである」（柴田［2019］，68-69頁）。

このように，介護保険を例に安全装置が規律装置でもありえることを明らかにした柴田は，その結果として，「介護の現場の“空気”が，なぜこんなに，自制させられているのか，“自粛”に彩られているのかを，深く理解できるようになるだろう」と主張する（柴田［2019］，70頁）。「ほとんどの利用者は過剰に望むことはなく，傍から見ていると気の毒なほど――時には不条理に思えるほど――自粛して生きている。人々は支援を要求するのではなく，自ら生活を改良・適正化し，利用を自制する――“自粛する空気”――の中で生きている」（同上70頁）。それは，安全装置によって出力された基準が，規律として利用者に内面化されているからである。「個別の生活を省みず全体の管理に集中する安全装置が，各個人の行動や生活を直接拘束することの悲劇が，そこに発見できるのである」（同上71頁）。

3.3　基準と規準

規律装置と安全装置の違いを，フーコーは次のように説明している。「規律的な統制システムにおいては，確定されているのはしなければならないことであり，したがってそれ以外の残りは確定されず，禁じられている。……安全装置においてはまさに，妨害されているものという視点も義務的なものという視点も採用され［ない］。……規律は命令する。それに対して，安全は本質的に言って禁止も命令もせず，ある現実に応答するということを機能とする」（Foucault［2004］，訳書56-57頁）。そうであれば，〈GAFA〉は単なる安全装置であるとはいえない。なぜなら，〈GAFA〉が実現していたのは，安全装置が出力した基準を規律のように発動させる作用だったからである。つまり，〈GAFA〉が示す基準は，「しなければならないこと」の明示なのである。

この「しなければならない明示化された基準」を，柴田は〈規準〉と表記し，安全装置の基準と〈規準〉は，次の３点で明確に異なってくると主張する。第１は，「自由」である。安全装置は基準の枠内であれば，「放任する」（Foucault［2004］，訳書55頁）。「他方〈規準〉は，それをめざして生きなければならない。そこには自由はなく，むしろ主体の生，存在を最初から最後まで拘束しつづけるような機能が働いている」（柴田［2019］，75頁）。

第２は，「秘密」である。「主権者が知っていなければならないその物事，国家の現実自体であるその物事とはまさに，当時『統計学』と呼ばれていたもの……つまり，これこれの時点において国家を特徴づける力や資源に関する認識で［ある］。……国家が自分で自分を出発点として形成すべき知は，つまるところ誰もが起こっていることを知ってしまったのでは，その効果のいくつかを失ってしまったり，期待される帰結が生じなかったりしかねない。とくに国家の敵や対抗者が，その国家の使える人間や富といった現実の資源がどのようなものかを知ってしまってはならない。そこで秘密が必要になってくる」（Foucault［2004］，訳書338-339頁）。「それゆえ安全装置の基準も，安全装置そのものも，私たちからは不可視のところで機能する。正反対に〈規準〉は完全に明示され，まさに可視的で，主体に自覚されることに価値がある。その装置の存在と機能も，私たちを一望監視のようにモニタリングし続けていることも，また明示されるようになっている」（柴田［2019］，76頁）。

第3は，「規範」である。「安全装置は『善とも悪とも評価されず』機能するもので，基準には正常／異常の判断は必要ない。……しかし〈規準〉の場合は，……〈規準〉に合致していれば正しく，合致しないものは間違っているとして適正化の対象となる」（柴田［2019］，76頁。『　』内はFoucault［2004］，訳書55頁）。

3.4　ライフスタイルの適正化

ここで注意しておくべきは，「基準から生まれた〈規準〉は，似てはいるが規律そのものではない」ということである（柴田［2019］，77頁）。端的にいって，〈GAFA〉が，「〈規準〉に反した個人を刑罰で拘禁したり監獄に監禁したりすることは絶対にない」（同上78頁）。BMIが25を超えても罰せられないし，リコメンドされていない商品を買っても構わない。「規律は命令だが，〈規準〉は推奨にとどまる」（同上78頁）。

それにもかかわらず，〈規準〉は守られる。なぜなら，「要介護認定の正しさ」がそうであったように，〈規準〉は，第1に，科学的に「正しい」からであり，第2に，利用者のモニタリングの結果だからである。つまり，第1に，「科学的な〈規準〉は，『それ以外，正解がない』という理由で，私たちに遵守を迫る」（柴田［2019］，79頁）。第2に，「〈規準〉はモニタリングし続けた，利用者の過去と現在の情報の集積からも生成される」ゆえ，「〈規準〉がその値になった理由の半分は，あなた自身にある」のであり，「『あなたに由来する，あなたの〈規準〉』を守らない理由はない」ということになる（同上79頁）。

こうして，われわれは，「ライフスタイルを〈規準〉にあわせて適正化することを迫られる」（柴田［2019］，80頁）。その結果もたらされるのは，「ビッグデータをマイニングして，モデリングする中で描かれた〈統計学的な私〉である」（同上97頁）。〈統計学的な私〉は，例えばAmazonでまだたいして本を購入していない段階から既にいくつもリコメンドされていたことを思い起こせば分かるように，私の情報を大量に集めて描かれた私ではなく，その本人を含めたすべてのユーザーのデータを蓄積し分析して描かれた私である。つまり，〈統計学的な私〉は，「私のうちにある選好・欲望・ニーズといったものでさえ，必ずしも私に依存せず，別に収集した外在的なデータベースから推測」された私である（同上98頁）。すなわち，チェニー＝リッポルド（Cheney-Lippold, J.）がまさに端的にいうように，「われわれはデータであり，アルゴリズムが『私』を決める」のであって，「生身の個人としての自分を無視された私たちは，自らの生をコントロールできなくなるだけでなく，生そのものの定義までコントロールできなくなっていく」（Cheney-Lippold［2017］, p.5，訳書18頁）。「人は，自己反省を経由せず，そして内的な自律性の契機を欠いたまま，個人情報が規定する自己に同一化するのである」（大澤［2013］，165頁）。

こうした〈GAFAのやさしさ〉の帰結を見抜くことは随分と難しいのかもしれない。「サイバーカスケード」や「エコーチェンバー」といったインターネットに潜む問題点を指摘したサンスティーン（Sunstein, C. R.）でさえ，リコメンデーションという選択方式によって選択にかかる時間が節約され，「時間があればもっと自由になり，より多くの能動的選択ができるようになる」と論じている（Sunstein［2015］, p.208，訳書221頁）。だが，阿部潔がいうように，「好ましくない／望ましくない出来事が生じること自体を未然に防ごうとする監視のあり方は，『予測できない出来事の生来』という社会における潜在的な可能性をそもそも排除しようとする点において，究極的な意味での『自由の侵害』と言えなくもない」のである（阿部［2006］，39頁）。

4　コミュニケーション資本主義に支配的な消費パターン

以上，今日の社会歴史的状況を示すコミュニケーション資本主義と，その頂点に位置する〈GAFA〉について考察してきた。その考察に基づき，フィラートらの図表1－2に倣ってコミュニケーション資本主義に支配的な消費パターンあるいは消費のモードを示せば，**図表1-3**のようになると考えられる。

図表1-3　コミュニケーション資本主義に支配的な消費パターン

次　元	幅		
人間的なかかわり	情動的	——●——————	意識的
消費者アイデンティティ	想像的	——●——————	象徴的
社会的な関係	個人的	——●——————	集合的
駆動力	欲　動	——●——————	欲　望
生産者と消費者の関係	相互受動的	——●——————	相互能動的
審　級	規　準	——●——————	基　準
選択方式	受動的	——●——————	能動的

出所：筆者作成。

コミュニケーション資本主義において，消費者と消費対象との関係を示す「人間的なかかわり」は，意識的というよりも情動的になっていると考えられる。つまり，消費対象を消費者が意識的に認識する以前に，消費者に快感情を生起させる消費対象が選択されやすくなっていると考えられる。その結果，他者の発する禁止の言葉により確立される象徴的な消費者アイデンティティが後景化し，過剰な享楽に支えられた自分本位な想像的な消費者アイデンティティが前景化することになると考えられる。そして，それにより，消費者間の関係を示す「社会的な関係」は，ますます個人的なものになっていくと考えられる。消費者間の集合性を築くことが期待されたソーシャルメディアも，あくまで他者性を欠いた「個人化された『参加型』メディア」でしかなく，それによったところで，消費者同士が連帯し，「ムーブメントをつくり出すことはできない」と考えられる（Dean [2010]，p.82）。

想像的な消費者アイデンティティが前景化することにより，消費の駆動力は，欲望から欲動へ移行するということも考えられる。つまり，自分の手を逃れ続ける想像的アイデンティティをつかもうとしては幾度となく消費を行い，やがて消費それ自体に喜びを覚えるようになると考えられる。

ここで再考すべきは，今日のマーケティング・パラダイムとして支配的な地位を占めている，いわゆる価値共創論である。それによれば，ソーシャルメディアという「ニューウェーブの技術は人びとがコンシューマー（消費者）からプロシューマー（生産消費者）に変わることを可能にする」(Kotler, et al.［2010］, p.7, 訳書20-21頁)。その結果,「消費者が製品やサービスの共創を通じて価値創造に中心的な役割を果たす」(*Ibid.*, p.10, 訳書26頁）ようになり,「生産者と消費者の関係」は，今では,「企業の製品開発やコミュニケーションに消費者を参加させる方向に移行している」(*Ibid.*, p.11, 訳書28頁）という。だが，阿部真也が指摘するように，そうした「マーケティング過程への消費者参加の議論は，消費者参加の動因または参加の便益を，製品開発過程に参加ができること自体の喜びや，それによって得られる名声などのいわば消費者の主観的・非金銭的便益にのみ依存している点」で問題がある（阿部［2009］, 132頁)。つまり，価値共創論において消費者を駆動しているのは欲動であり，マーケティング過程への参加は似非能動的，すなわち相互受動的に行われていると考えられるのである。そうであれば,「消費者が価値創造に中心的な役割を果たす」のか，改めて考える必要があると思われる。

さらに，コミュニケーション資本主義における消費者は,〈GAFA〉の示す〈規準〉に従ってライフスタイルを適正化することを迫られ，主体性・生・自由を失っていくと考えられる。

以上が，コミュニケーション資本主義に支配的だと考えられる消費パターンである。それは，あまりにも悲観的かもしれない。かつて阿部がフィラートらの示した消費パターンを批判しながら述べたように，消費パターンは,「徐々に変化し多様性をもってくる」(阿部［1993］, 62頁）のであって，吉村がいうように，その「変化の兆しをつかみとることこそ現代の消費分析に求められている課題」(吉村［2004］, 112頁）である。つまり,「消費者の側から展開される文化的コミュニケーション」の可能性である（吉村［2010］, 21頁)。しかし，まさにそのためにも，まずは現代消費の「『暗い面』を分析し明らかにすること」が重要だと思われるのである（江上［2016］, ｉ頁)。

<参考文献>

Arnould, E. J. & Thompson, C. J.［2005］Consumer Culture Theory (CCT): Twenty Years of Research, *Journal of Consumer Research*, Vol.31, No.4, pp.868-882.

Cheney-Lippold, J.［2017］*We are Data: Algorithms and the Making of Our Digital Selves*, New York University Press.（高取芳彦訳『WE ARE DATA―アルゴリズムが「私」を決める』日経BP社, 2018年）
Dean, J.［2002］*Publicity's Secret: How Technoculture Capitalizes on Democracy*, Cornell University Press.
Dean, J.［2009］*Democracy and Other Neoliberal Fantasies: Communicative Capitalism and Left Politics*, Duke University Press.
Dean, J.［2010］*Blog Theory: Feedback and Capture in the Circuits of Drive*, Polity Press.
Dean, J.［2019］Communicative Capitalism: This is What Democracy Looks Like, *Journal of Communication and Languages*, No.51, pp.32-49.
Firat, A. F.［1977］Consumption Patterns and Macromarketing: A Radical Perspective, *European Journal of Marketing*, Vol.11, No.4, pp.291-298.
Firat, A. F. & Dholakia, N.［1982］Consumption Choices at the Macro Level, *Journal of Macromarketing*, Vol.2, No.2, pp.6-15.
Firat, A. F. & Dholakia, N.［1998］*Consuming People: From Political Economy to Theaters of Consumption*, Routledge.
Firat, A. F. & Venkatesh, A.［1995］Liberatory Postmodernism and the Reenchantment of Consumption, *Journal of Consumer Research*, Vol.22, No.3, pp.239-267.
Foucault, M.［2004］*Sécurité, Territoire, Population: Cours au Collège de France, 1977-1978*, Seuil/Gallimard.（高桑和巳訳『安全・領土・人口（コレージュ・ド・フランス講義1977-1978年度）』筑摩書房, 2007年）
Habermas, J.［1981］*Theorie des Kommunikativen Handelns*, Suhrkamp.（丸山高司・丸山徳次・厚東洋輔・森田数実・馬場孚瑳江・脇圭平訳『コミュニケイション的行為の理論（下）』未来社, 1987年）
Hardt, M. & Negri, A.［2000］*Empire*, Harvard University Press.（水嶋一憲・酒井隆史・浜邦彦・吉田俊実訳『帝国―グローバル化の世界秩序とマルチチュードの可能性』以文社, 2003年）
Hirschman, E. C. & Holbrook, M. B.［1982］Hedonic Consumption: Emerging Concepts, Methods, and Propositions, *Journal of Marketing*, Vol.46, No.3, pp.92-101.（大津正和訳「快楽的消費」『マーケティングジャーナル』第13巻第1号, 1993年, 69-80頁）
Holbrook, M. B.［2001a］The Millennial Consumer in the Texts of Our Times: Exhibitionism, *Journal of Macromarketing*, Vol.21, No.1, pp.81-95.
Holbrook, M. B.［2001b］The Millennial Consumer in the Texts of Our Times: Evangelizing, *Journal of Macromarketing*, Vol.21, No.2, pp.181-198.
Holbrook, M. B. & Hirschman, E. C.［1982］The Experiential Aspects of Consumption: Consumer Fantasies, Feelings, and Fun, *Journal of Consumer Research*, Vol.9, No.2, pp.132-140.
Kotler, P., Kartajaya, H. & Setiawan, I.［2010］*Marketing 3.0: From Products to Customers to the Human Spirit*, John Wiley & Sons.（恩藏直人監訳『コトラーのマーケティング3.0―ソーシャル・メディア時代の新法則』朝日新聞出版, 2010年）
Sunstein, C. R.［2015］*Choosing Not to Choose: Understanding the Value of Choice*, Oxford University Press.（伊達尚美訳『選択しないという選択―ビッグデータで変わる「自由」

のかたち』勁草書房，2017年）
Žižek, S.［2006a］*The Parallax View*, MIT Press.（山本耕一訳『パララックス・ヴュー』作品社，2010年）
Žižek, S.［2006b］*How to Read Lacan*, Granta Books.（鈴木晶訳『ラカンはこう読め！』紀伊國屋書店，2008年）
東浩紀［2011（2015）］『一般意志2.0―ルソー，フロイト，グーグル』講談社。
阿部潔［2006］「公共空間の快適―規律から管理へ」阿部潔・成実弘至編『空間管理社会―監視と自由のパラドックス』新曜社，18-56頁。
阿部真也［1993］「『公共的集合消費』と生活の質」同監修『現代の消費と流通』ミネルヴァ書房，56-73頁。
阿部真也［2009］『流通情報革命―リアルとバーチャルの多元市場』ミネルヴァ書房。
石井淳蔵［1993（2004）］『マーケティングの神話』岩波書店。
伊藤守［2019a］「デジタルメディア環境の生態系と言説空間の変容」同編『コミュニケーション資本主義と〈コモン〉の探求―ポスト・ヒューマン時代のメディア論』東京大学出版会，3-34頁。
伊藤守［2019b］「コミュニケーション資本主義（コミュニケーション資本主義を知るためのキーワード）」同編『コミュニケーション資本主義と〈コモン〉の探求―ポスト・ヒューマン時代のメディア論』東京大学出版会，269頁。
井上俊・船津衛編［2005］『自己と他者の社会学』有斐閣。
江上哲［2016］「はしがき」阿部真也・江上哲・吉村純一・大野哲明編著『インターネットは流通と社会をどう変えたか』中央経済社，i-ii頁。
大澤真幸［2013］『生権力の思想―事件から読み解く現代社会の転換』筑摩書房。
柴田邦臣［2019］『〈情弱〉の社会学―ポスト・ビッグデータ時代の生の技法』青土社。
土井隆義［2004］『「個性」を煽られる子どもたち―親密圏の変容を考える』岩波書店。
福原泰平［1998（2005）］『ラカン―鏡像段階』講談社。
毛利嘉孝［2019］「資本主義リアリズムからアシッド共産主義へ」伊藤守編『コミュニケーション資本主義と〈コモン〉の探求―ポスト・ヒューマン時代のメディア論』東京大学出版会，241-265頁。
吉村純一［2004］『マーケティングと生活世界』ミネルヴァ書房。
吉村純一［2010］「消費文化理論がマーケティング研究にもたらすもの」『熊本学園商学論集』第16巻第１号，13-30頁。
吉村純一［2017］「消費文化理論と流通機構の解明」木立真直・佐久間英俊・吉村純一編著『流通経済の動態と理論展開』同文舘出版，68-87頁。

第2章

クリエイティブ・クラスと都市の市場文化

1 情報都市の市場文化

現代ではテレワークが推奨され地方へのオフィスや労働者の移動の可能性が高まっているとされる。このことは一部の労働者にとって仕事の場は地域に縛られず，自由になったことを示している。本章では現代的都市において移動可能性が高まった人々のライフスタイルに着目する。

かつて阿部［2006］は，工業都市から流通消費都市という都市の発展パターンの変化に注目した。生産工業都市指標と流通消費都市指標という尺度を用いて，発展する都市においては流通消費都市指標が重要であると指摘した。消費の観点を導入することによって都市における流通業やサービス業の重要性を明らかにした先駆的な業績であったといえよう。

本章では，前章で論じたコミュニケーション資本主義的側面を含む，より情報化が進展した都市における人々の市場文化の特徴と流通業やサービス業の関係について論じることにする。より具体的にはクリエイテイブ・クラスと呼ばれる移動の可能性の高まった人々のライフスタイルを考察し，それが都市の市場文化と流通システムに与える影響について明らかにする。

2　都市間競争と情報産業の重要性の高まり

2.1　都市の内部編成と空間的競争

流通研究において，都市と流通の関係について長らく議論されてきた。一定の段階まで都市内部の小売業に焦点を当てた研究が主流であったと言えよう。例えば石原・石井［1992］は，都市内部の商業集積である小売業，とりわけ商店街の問題に焦点を合わせ，量販店チェーンや大規模なショッピングセンターとの競争という商店街にとっての外なる敵よりもむしろ，商店街それ自体の空洞化という内なる敵が商店街に対してより大きなダメージを与えたと指摘している。そこでは，商店街の大規模な共同事業や再開発事業における経済的利害を超えた「集団価値」の形成などが重要だと強調されていた。

商業集積内部の議論が展開されるなかで，宇野［2012］は都市の発展が流通活動の広がりと密接に関係を持つことを指摘した。流通活動には，都市を舞台に展開する小売業によって担われる都市内部の対内的取引側面と，卸売業によって担われる都市間の対外的取引側面があることを明らかにし，それらが織り成すネットワーク関係を「都市流通システム」と定義した。卸売業者の存在に着目し，都市の空間的競争の問題に焦点をあてたことは画期的であった。

宇野による流通システムは以下の2つからなる。それは企業や多国籍企業の本社や支社，支店，営業所，工場等の空間的立地を展開する卸売流通システムと，大規模小売商業のチェーンや商店街などからなる小売流通システムである。この卸売流通システムと小売流通システムの活動によって都市間に階層が形成されることとなる。大企業による本社や支社を駆使した資本間競争によって都市間の階層的関係がダイナミックに変化することとなるが，そのことが都市の盛衰に影響を与えるとされた。

2.2　サービスの拡大と流通消費都市

都市住民のサービス支出について着目した都市の発展パターンの議論がある。阿部［2006］は，都市の発展パターンは製造業中心の工業都市から流通サービス業を中心とする流通消費都市へと移り変わってきたとした。1970～2000年の間の家計消費をみると，交通・通信，教養や娯楽・スポーツ，教育，保健・医療といった「サービス」への支出が高まっている。そのため，阿部は，都市での「消費や流通を考える場合，小売業や卸売業という物財に限定された消費や流通の分析だけでは不充分で，サービス分野へと視野を拡大することがどうしても必要である」（阿部［2006］，8頁）として，流通消費都市というコンセプトを提唱し，産業分類を組み替えることで指標とした（**図表2-1**）。

図表2-1　産業分類と流通消費都市指標への組替え

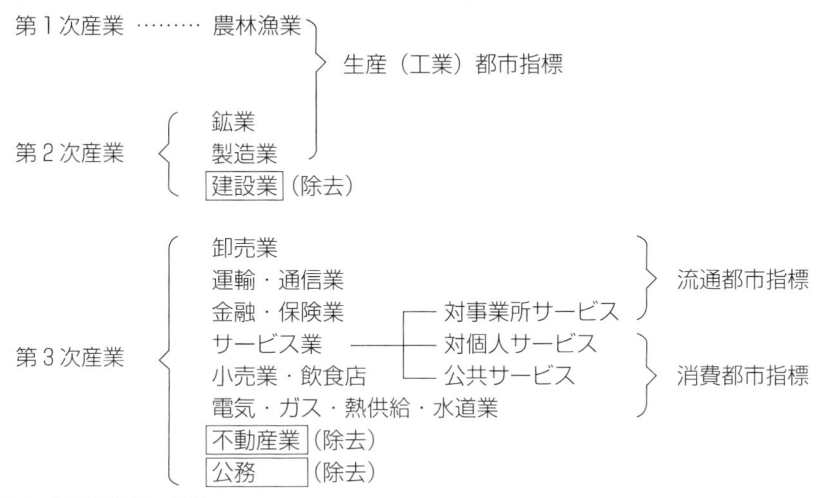

出所：阿部［2006］，42頁。

阿部は産業分類を，①生産（工業）都市指標，②流通都市指標，③消費都市指標の3つに分けている。①生産（工業）都市指標は第一次産業と第二次産業（建設業を除く）からなる。②流通都市指標には，第三次産業の卸売業，運輸・通信業，金融・保険業，そしてサービス業のうち対事業所サービス業が組み込まれている。③消費都市指標には，サービス業のうち対個人サービス，公共サービス，電気・ガス・熱供給・水道業に加えて小売業・飲食店が組み込まれている。

以上のように3つの都市指標を分類した上で，阿部は都市の中長期的なトレンドについて確認するために，②流通都市指標と③消費都市指標を合わせた，流通消費都市指標を用いている。縦軸に流通都市指標と消費都市指標を合わせた流通消費都市指標を，横軸に生産（工業）都市指標をとり，主要都市と10大都市平均が1966年から2001年の35年間にどのように変化したのかを示している（**図表2－2**）。2001年の指標を見ると，流通消費都市指標の高い都市には福岡，札幌，東京があり，低い都市には北九州や川崎がある。しかしここで注目するべきは，流通消費都市指標の増加という傾向は，10大都市においては，福岡，札幌といった1966年当時から流通消費都市指標の高い都市はもちろん，工業都市とされる北九州市においてもみられ，右下の象限から左上の象限へと移動している点である。このことは，10大都市においては生産（工業）都市指標への

図表2－2　流通消費都市への新トレンド

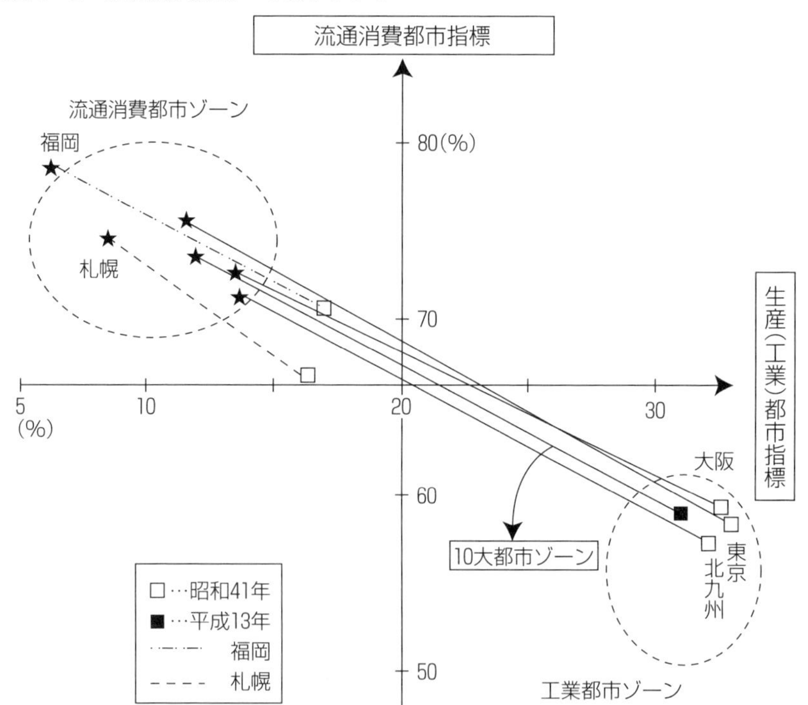

注：1966年～2001年
出所：阿部［2006］44頁。

依存が減少し流通消費都市指標への依存が高まったことを意味し，これらの都市における都市機能のトレンドが大きく変化したことを示している。

2.3　都市流通クラスターと情報産業

吉村［2008］は，阿部［2006］の流通消費都市指標を踏まえ，ポーターによる産業クラスター概念をもとに，都市流通クラスターモデルを提唱した（**図表2－3**）。モデルはそれぞれの産業が密接な関係を保ちながら都市に立地する流通業とサービス産業の関係を特性に応じて整理されている。

縦軸に取り扱う財の特性から物販かサービスかという軸を設け，横軸にはその顧客の特性から産業と消費が置かれている。都市の特性に合わせてこれらの産業バランスの最適化が求められることになるが，ここで注目されるのはモデルの中心に情報流通業が置かれている点である。

図表2－3　都市流通クラスターモデル

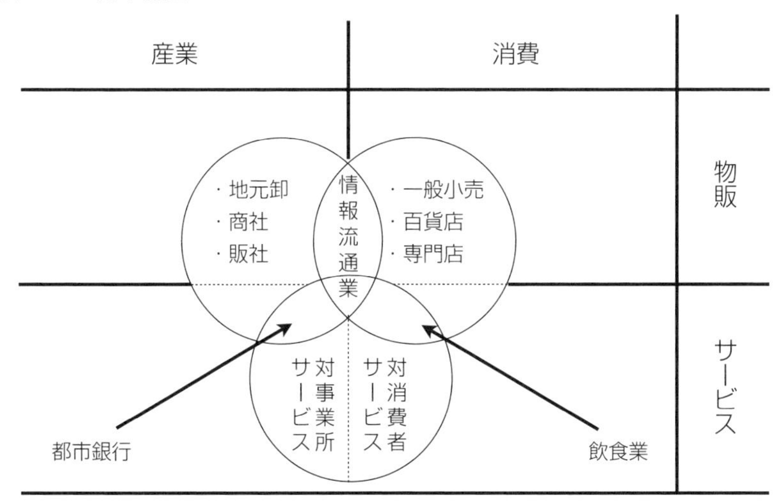

出所：吉村［2008］125頁。

吉村［2004］はかつて，経済が全般的に衰退傾向であっても一部の情報都市が成長を持続していることを示した。これらの都市においては「これまでの都市の成長パターンとの連続面を残し」（吉村［2004］，183頁）つつも，新たな成長パターンがみられるという。注目すべきは①ソフト系の情報産業集積のメカニズムの変化と，②情報産業に求められる人材の変化の２点である。

第一に，ソフト系の情報産業集積のメカニズムの変化とは，ハードウェア中心からソフトウェア中心へと情報産業集積の中心が変化してきたことである。

第二に，情報産業に求められる人材の変化とは，1970～1980年代のハードウェア中心の情報産業の時代には理工系エンジニアや，金融，保険，不動産業，弁護士，教師等が求められたが，1990年代以降，ソフト系の情報産業が中心となった時代においては都市中心部に流入してきた「マルチメディアのクリエイターや芸術家，ミュージシャン，メディア関係者，ソフト技術者が中心となった」（吉村［2004］191頁）ということである。

本章の議論にとってより示唆的なのは，彼らの好む都市空間が重要であるという指摘がなされている点である。例えば，ソフト系情報産業に従事する人々はレストラン，バー，クラブ，劇場，映画館，ギャラリー，公園等のソーシャル・アメニティを重視するとしている。かつての倉庫街の安価な創造的空間，アーティストの集積，教育機関の存在は情報産業を引きつけるとされ，これらの条件の整った一部の都市にクリエイターらが集積するというものである。

3　クリエイティブ・クラスと都市間競争

3.1　クリエイティブ経済の都市比較

吉村が指摘したソフト系情報産業に従事する職業を中心とした，クリエイティブ・クラスという概念が注目されている。フロリダ（Florida, Richard）［2005］によるクリエイティブ・クラスのキー概念として３つのT理論がある。それは，①Talent＝才能（大卒者数），②Technology＝技術（イノベーションとハイテクの集積），③Tolerance＝寛容性（ボヘミアン職の人口）という３つの指数が高い地域が発展するというものである。３つのTの割合が高い都市が人材を惹きつけ，特定の都市（サンフランシスコ，シアトル等）が発展しているとして，全米さらには世界中の都市比較を行った研究が蓄積されていく。

その後クリエイティブ・クラスをより精緻化したコア・プロフェッショナル

の議論が展開されている。フロリダ［2011］は，都市に経済発展をもたらすクリエイティブ・クラスは①スーパー・クリエイティブ・コア（以下「コア」という）と，②クリエイティブ・プロフェッショナル（以下「プロフェッショナル」という）の２つに分けることができると指摘する。

第１に，コアは以下の職業から算出されている。それは，「科学者，技術者，大学教授，詩人，小説家，芸術家，エンターテイナー，俳優，デザイナー，建築家の他に，現代社会の思潮をリードする人」（フロリダ［2011］，訳書56頁）とされる。ノンフィクション作家，編集者，文化人，シンクタンク研究員，アナリスト，オピニオンリーダーなどは，その言論活動などを通じて社会的影響力を有しているのである。

ここではクリエイティブ・クラスの動向をわが国の都市で考察することにする。これらの職業を2020年国勢調査に用いられている職業分類に当てはめると，(5）研究者，(6）技術者，(21）著述家，記者，編集者，(22）美術家，デザイナー，写真家，映像撮影者，(14）音楽家，舞台芸術家が該当するといって良い。

また第２に，プロフェッショナルについては，コアの周りに位置する職業に従事する「ハイテク，金融，法律，医療，企業経営など，さまざまな知識集約型産業で働く人々」（フロリダ［2011］，訳書56頁））と定義されている。これらを2020年国勢調査の職業分類に当てはめると，(2）法人・団体役員，(3）その他の管理的職業従事者，(12）保健医療従事者，(16）社会福祉専門職業従事者，(17）法務従事者，(18）経営・金融・保険専門職業従事者，(24）その他の専門的職業従事者であるといえよう。

このコア，プロフェッショナルについて日本国内の職業に占める割合を国勢調査のデータに依拠して確認しよう（**図表２-４**）。2010年から2020年までの10年間で，コアは約273万人（4.58%）から約332万人（5.75%）へと増加し，プロフェッショナルについても約576万人（9.67%）から約657万人（11.39%）へと増加しており，クリエイティブ・クラスは全般的にその人数と割合を増加させ続けていることがわかる。

図表2－4　国内のクリエイティブ・クラスの推移

	コア職業従事者数	コア割合	プロフェッショナル職業従事者数	プロフェッショナル割合
2010年	2,729,660	4.58%	5,762,590	9.67%
2015年	2,970,780	5.04%	6,240,990	10.60%
2020年	3,317,100	5.75%	6,569,250	11.39%

出所：総務省統計局［2010］［2015］［2020］をもとに作成。

2010年から2020年にかけてコアとプロフェッショナルの比率は，この10年間ほぼ1対2を維持し続けている。

3.2　クリエイティブ・クラスの移動と集積

次にクリエイティブ・クラスの集積について，都市・エリア別に統計データを用いて確認しよう（**図表2－5**）。

図表2－5 クリエイティブ・クラスが集積する都市数

	コアの集積する都市数	プロフェッショナルの集積する都市数
2010年	127	146
2015年	73	169
2020年	120	144

注：全国平均以上の割合で集積する都市の数。
出所：総務省統計局［2010］［2015］［2020］をもとに作成。

クリエイティブ・クラスの中でもコアが全国平均以上の割合で集積している都市は，2010年には127都市であったものが，2015年には73都市へと集約している様子が見て取れた。しかし，2020年には120都市へとその数は2010年の状況と同程度の水準まで分散していることがわかる。一方でプロフェッショナルが全国平均以上の割合で集積している都市は，2010年には146都市であったものが，2015年には169都市へと拡大傾向を示すが，2020年には144都市へとその数は2010年と同程度の水準となっている。

このことからクリエイティブ・クラスに位置付けられているものであっても，

コアとプロフェッショナルでは置かれている状況が異なっているといえよう。

図表２－６　コア比率Top25都市の比率の変化

順位	都道府県	市区	コア（%）			プロフェッショナル（%）		
			2010年	2015年	2020年	2010年	2015年	2020年
1	東京都	渋谷区	10.74	16.63	15.27	14.48	10.26	18.76
2	東京都	中野区	9.22	10.98	14.97	10.17	10.95	12.67
3	東京都	武蔵野市	11.64	9.55	14.69	13.16	12.43	15.23
4	東京都	国分寺市	10.40	11.85	14.17	11.30	11.29	13.31
5	神奈川県	川崎市	11.40	12.21	13.79	9.14	10.25	10.89
6	東京都	豊島区	7.11	9.41	13.77	11.10	9.29	14.18
7	東京都	品川区	9.00	18.24	13.50	10.02	8.28	13.23
8	東京都	杉並区	10.36	6.88	13.49	12.37	13.30	14.08
9	東京都	世田谷区	9.65	6.96	13.31	12.01	12.18	15.71
10	東京都	目黒区	9.10	11.40	13.25	12.57	12.52	17.54
11	東京都	調布市	9.78	8.19	13.23	10.25	12.08	11.64
12	東京都	新宿区	8.54	12.98	12.96	13.53	9.39	17.59
13	東京都	三鷹市	9.52	9.20	12.81	11.04	10.18	13.25
14	東京都	小金井市	10.04	6.10	12.61	10.36	14.73	12.42
15	神奈川県	鎌倉市	10.43	11.68	12.38	13.01	13.01	14.65
16	東京都	江東区	8.21	15.87	12.37	9.09	7.17	11.52
17	東京都	文京区	9.09	11.45	12.16	17.26	13.10	21.82
18	茨城県	つくば市	11.21	12.61	12.08	11.01	10.74	12.69
19	東京都	台東区	6.25	8.52	11.97	10.38	9.19	13.34
20	東京都	港区	8.51	18.48	11.92	17.31	9.16	22.18
21	東京都	府中市	9.46	15.30	11.78	9.30	10.82	11.61
22	東京都	多摩市	9.77	11.25	11.77	10.12	12.25	12.18
24	神奈川県	海老名市	9.10	8.38	11.73	9.40	8.28	11.18
25	東京都	練馬区	7.91	4.63	11.73	9.87	12.35	12.66
	全国平均		4.58	5.04	5.75	9.67	10.60	11.39

出所：総務省統計局［2010］［2015］［2020］をもとに作成。

また，2020年のコア比率のTop25都市について，2010年から2020年までの比率の変化を確認する（**図表２－６**）。2020年のコアの比率の最も高い都市は渋谷区の15.27%であった。しかしこの数値は，2015年の港区や品川区よりも低く，そして2015年の渋谷区よりも低い数値である。このように，2015年よりもコアの集積する割合が低下した地域は，2015年に15%を超えていた渋谷区，品川区，江東区，港区，府中市といった都市において顕著に表れている。しかしながら

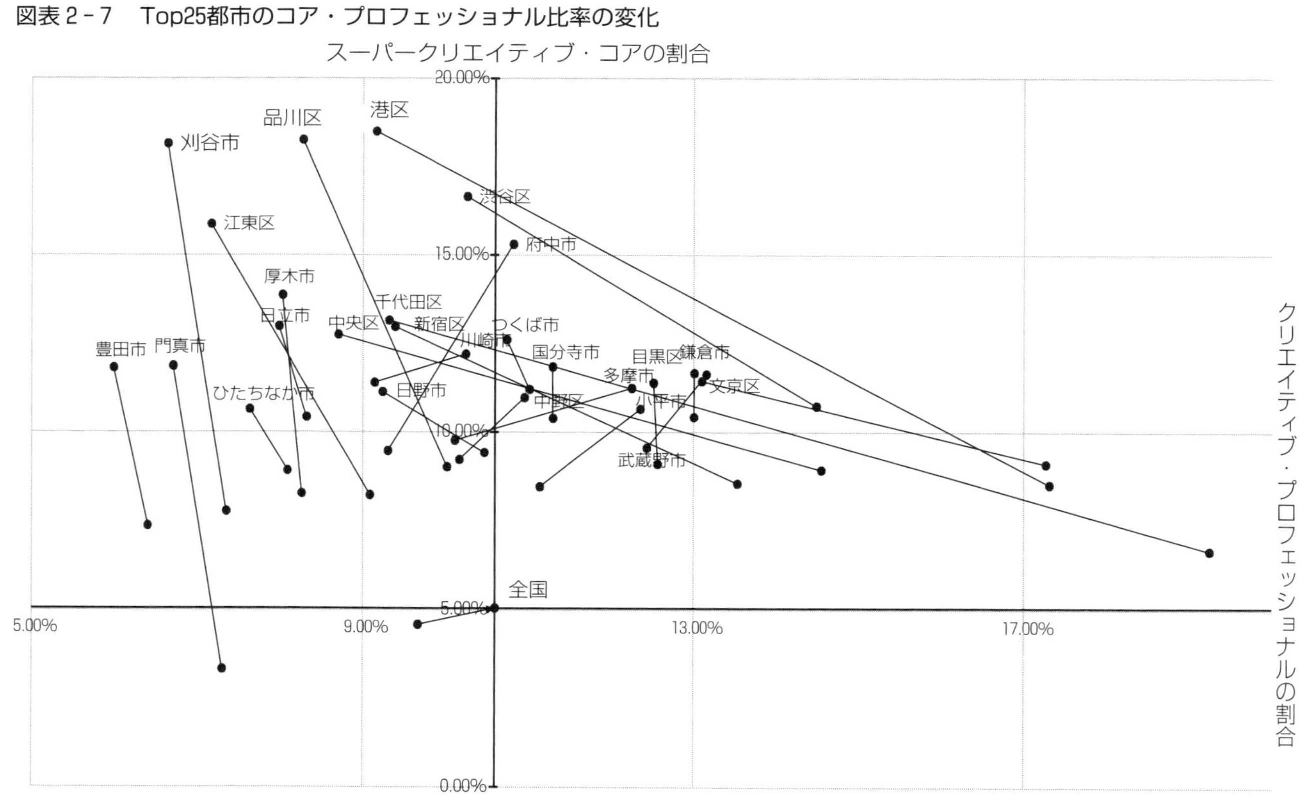

図表2-7　Top25都市のコア・プロフェッショナル比率の変化

出所：総務省統計局［2010］［2015］「国勢調査」をもとに作成。

2020年は，コロナ禍による緊急事態宣言が発出されるなど，テレワークが推奨された時期でもあることから，今後の傾向として考えるには注意を要する。この点は，2015年から2020年にかけて数値を急拡大した，武蔵野市，杉並区，世田谷区，調布市，小金井市等が23区内西部や郊外に集中していることと併せて考察されるべきであろう。

ひとまずここではコロナ禍の影響を受けていない2010年から2015年のクリエイティブ・クラスの集積に着目することにした（**図表2-7**）。2010年から2015年までのコアの比率をみると，港区は8.51％から18.41％へ，品川区は9.00％から18.24％，愛知県刈谷市は7.76％から18.13％へと増加していることが明らかになった。その一方でプロフェッショナルの割合は減少していることがわかる。

以上からコアの比率の高い都市においては，プロフェッショナルの割合が減少しており，クリエイティブ・クラスの中でも集積の中身が異なってきていることを示している。

4　都市の市場文化

4.1　市場文化

クリエイティブ・クラスのクラスター化について考える上で，野田［2014］の認識は興味深い。「IT技術の進歩は，空間的に離れているデメリットを克服するといわれたが，それは間違いである」（野田［2014］，183頁）という指摘である。その理由については，創造が起こる場では暗黙知が生まれることが多く，「その価値はその場の状況や文脈に強く依存しているため，その状況や文脈を『理解する』のではなく『感じ取る』ことが重要となるからである 」（同書，183頁）と説明される。加えて創造という機能はひとりで沈思黙考しひらめくというものではなく，「立場や興味を異にする人びとが集まるカフェのような場所での議論のなかから生まれるほうが多いことがわかっている」（同書，179頁）というのである。

ここでは，クリエイティブ・クラスの集積と都市間競争の議論を，CCT（Consumer Culture Theory：消費文化理論）研究の視点を用いて考察することにする。アーノルドとトンプソン（Arnould, Eric J. & Thompson, Craig J. [2005]）は，CCTとは「消費者行動，市場，文化的意味の間の関係性に焦点を当て，言及する」（Arnould, E. J.ほか［2005］，p.868）ための研究枠組みであるとして，以下の4つの研究領域があるとしている。それは，①消費者アイデンティティの分析，②市場文化の研究，③消費の社会歴史的パターンの研究，④マスメディアによる市場イデオロギーと消費者の解釈戦略である。

ここでは特に，消費者を文化の製作者とみなし，消費文化が特定の文化環境の中で表れる過程と，その過程を経験する人々への影響を考察する「市場文化」の領域を意識しながらクリエイティブ・クラスのライフスタイルに着目し考察を進めることにしたい。

4.2　ビジネスとプライベートの融合

かつてサンフランシスコにおけるコンテンツ産業の集積に着目した湯川［1998］はIT関連企業が特定のエリアに集積していることを指摘した。1970年代には倉庫，繊維工場，食料品工場等であった軽工業地域にアーティストたちが賃貸料の安さ，広いスペースの確保のしやすさから入居しはじめ，このアーティストたちがのちにクリエイターへと代わっていく状況について描写している。

彼らのライフスタイルにおいて大きな特徴を有していたのは，プライベートとビジネスの融合であった。例えば「ドレスコードに対しても否定的で，9時から5時までスーツを着てオフィスで過ごすといった仕事の環境を好まない」。また,「彼らはオフィスだけでなく自分達の気に入るようなレストランやカフェ，クラブなどの場所に集まり，情報やアイディアを交換する」（湯川［1998］21頁）といった，ビジネスとプライベートの区別がない生活を行っていた。そのために，オフィス内部の機能だけではなく，自分たちの気に入るようなレストランやカフェ，クラブでの情報交換を行うことができる「都市機能」が求められることになったという。

このようなIT企業の勃興期から指摘されてきた議論は，クリエイティブ・クラスの議論においても重視されることになった。フロリダは「余暇と仕事の境界線があまりに曖昧になった結果，両者は事実上，すっかり混じり合っている」（フロリダ［2011］，訳書158頁）と論じている。また，クリエイティブ・クラスは都市を選択する際に生活の質を重視するとされ，彼らが生活し，働く場としてリノベーションされた建物が注目される。さらに都市の発展には創造的な人材をいかに誘引するかが重要であり，そのために人間味のある，土地に根をはった「ストリートの文化」が重要であるという。フロリダは，しばしばジェイコブズ（Jacobs, Jane［1961］）を引用しながら，都市のクリエイティビティと都市の消費文化との関連性の高さを主張してきた。

湯川とフロリダの議論から，クリエイティブ・クラスの集積をもたらすような都市の市場文化の特性として，次のようなまとめが許されるであろう。第1に，ビジネスとプライベートは，時間的，空間的，そして消費文化的にも明確に区別されることなく，融合していることが求められている。第2に，このようなビジネスとプライベートの融合を重視するために，オフィスのデザイン，飲食店をはじめとするさまざまなサービスの提供，ドレスコードをはじめとする生活規範における寛容性が求められることになるのである。

4.3　多様性・寛容性の市場文化

畢［2014］は，サンフランシスコを題材にしながら，アメリカの都市部商業集積の再生について論じている。そこでは人口の都市回帰，環境問題への関心の高まり，市民による草の根運動，都市開発・交通政策の転換，革新的な都市部商業集積の再活性化事業など総合的な結果であるとして，都市の価値を再認識したクリエイティブ・クラスに注目している。

フロリダ［2005］はボヘミアンやゲイに寛容な都市がクリエイティブ・クラスを誘引し，発展していることを示したが，畢［2015］では具体的に，ゲイバーにおける市民運動に着目し，その効果について論じている。戦後，ゲイバーをめぐって起きた最初の重要な出来事は，1949年，人気のゲイバーが同性愛の傾向がある人々のたまり場であることを理由に酒類販売許可が取り消されたことであるという。この決定に対して1951年にカリフォルニア州の最高裁判所は，同性愛者が公共の場所で集まる権利を認め酒類販売免許を復活させている。その後もゲイバーへの取り締まり強化，公立学校から同性愛者の教職員らを追放するという法案が州民投票へ提出され，エイズ危機との戦いという困難にも直面した。しかし，その度に市民運動，草の根運動が行われているという。「サンフランシスコの同性愛者コミュニティの発展の歴史は，同性愛者たちが自ら利用できる都市空間を獲得するために闘ってきた歴史」（畢［2015］，112頁）であるとしてこれらの運動がサンフランシスコの多様性，寛容性のある都市へとつながったことを強調する。

また，畢［2020］はサンフランシスコの都市部において，市民の草の根運動が住宅街と商店街の環境を改善したことに注目している。その中心にいたのがヒッピーである。彼らは1960年代終盤から1970年代に都市から農村に移住した。その後，メインストリームの生活に復帰したヒッピーを含む専門職業人の多くは，もはや反体制活動とはかかわらないが，健康的な食事や環境保護に関心が高いという特徴を残していたという。そしてヒッピーたちの好む「多様な規模，独自の品揃え，ユニークな店舗デザイン・陳列といった特徴を有する有機食品小売企業は，店舗が立地するダウンタウンに多くの住民と観光客を惹き付けているだけでなく，住宅街のコミュニティの中心としての役割も果たしている」（畢［2020］，203頁）という。

畢による，同性愛者による抗議運動やヒッピーによる市民運動についての調査は彼らの存在自体がサンフランシスコにおける多様性と寛容性を示すと同時に，現代的な情報都市における，市場文化の重要な側面を伝えているといえよう。

5　分　析

5.1　分析の枠組み

ここではクリエイティブ・クラスの中でも，スタートアップ企業関係者に調査対象者を限定した上で，近年，ITのスタートアップ企業の集積が注目されている品川区五反田や大崎周辺を含む，五反田バレーと評されているエリアで調査を実施した（**図表2-8**）。

調査の課題は，これまでに述べてきたような情報都市における市場文化が，近年急速にITスタートアップの集積がみられるエリアでどのように発現しているのかを確認することにある。より具体的には職場や住宅環境にあらわれるビジネスとプライベートの融合，さらには多様性や寛容性がどのようにあらわれているのかを明らかにすることである。調査にあたっては，一般社団法人五反田バレーの協力を得て所属するスタートアップ企業関係者4名にインタビュー調査を実施した。

図表2-8 五反田バレーマップ 2023年版

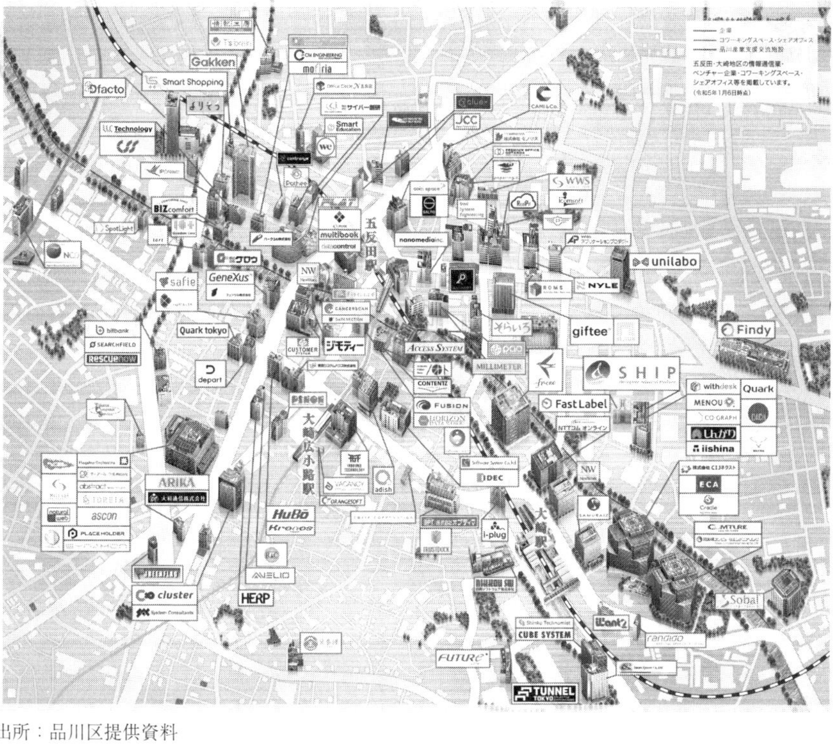

出所：品川区提供資料

5.2 ITスタートアップ・コミュニティの市場文化

渋谷や六本木といったこれまでの人気のエリアではない五反田に，なぜスタートアップが集積し始めているのだろうか。五反田を含む品川エリアを選んだ理由についてインタビューでは次のように語られている。

> スタートアップってそんなにお金もない中で便利な，従業員が通いやすい場所にオフィスを構えたほうがよいとなったときに，当時，五反田が家賃も安くて，いろんな所にもアクセスをしやすくて，昔はイメージが悪かったけど，ちょっとよくなり始めているというので五反田に移ってきました（C）。

先行してIT集積地となった渋谷や六本木などに比べてオフィスの賃貸料が安いことと，アクセスの良さが重視されているが，果たしてそれだけだろうか。これまでのITスタートアップの集積エリアが選ばれてきたこととの連続面はないのか。クリエイティブ都市における市場文化の特徴とみなされる，ビジネスとプライベートの融合，多様性・寛容性などについて五反田に集まってきたITスタートアップの人々は，どのように受け止めているのか，インタビューによって明らかにしてみたい。

5.2.1　ビジネスとプライベートの融合

すでに述べてきたように，1990年代のIT企業の集積の勃興期から，2010年代のクリエイティブ・クラスの議論においても語られてきた，仕事とプライベートの境界線の低さについてはどのように語られるのであろうか。

> 就業時間も決めていませんよ，うちの会社って。おのおのが働くタイミングで働いています。仕事が終わった後も，社内のSlackが鳴っていたら戻ったり，連絡を返したりすることもあったりするので，（仕事とプライベートの間は）曖昧なんじゃないかという気がします（C）。

> 実は，私生活と仕事は100パーセント混じっていまして，完全に融合してしまっているので，分けることが不可能でございますっていう。<中略>今はお金を稼ぐために何かしているというよりは，面白いと思ったことをただやっているだけというのに近いので，仕事と呼べるかどうかも分からないですね（D）。

ビジネスとプライベートが融合してしまっているがゆえに，五反田における職住接近のしやすさについて言及されることも多かった。

> われわれ，職住近接2.0みたいなイメージで，本社がこの辺にあることによって近くに住めると考えています。<中略>ふらっと来て，公私ともども，この辺で過ごしている。住みやすい町だし，顔見知りもいる。それが公私のそれぞれの知り合いがいるみたいな環境がいいなと思っています（A）。

> メンバーが，いわゆる居住地というか，自分たちが住んでいるエリアからもアクセスがしやすくて，かつ生活コストが高くないみたいな意味で働きやすかったのがもともとの五反田に移ってきた経緯で…（C）。

ビジネスとプライベートの境界線がなく，いつでも仕事をしている，あるいは遊ぶように仕事をしているといった市場文化の特質がインタビューからは明らかになった。このような生活を実現するためには家賃が抑えられなければならず，職住が接近していることが求められているといえよう。

5.2.2　多様性・寛容性

五反田駅周辺，特に東口は歓楽街としてよく知られた地区であるとともに，その西口は企業の本社が多く存在するなど，ビジネス街が形成されている。さらに少し歩くと高級住宅街が存在し，もともと多面性を有するエリアであるといえよう。街に備わった多様性は，ここにオフィスを構えるにいたった人たちに前向きに捉えられている。

> 五反田で気に入っているものとして，多分これは空間的に言えることだと思うのですが。五反田はビジネス街だと言えると思います。<中略>とはいえ歓楽街でもあります。つまり飲み屋があるっていうことですね。しかしまたベッドタウンである。私も五反田に住んでいます。それがすごくバランス良いです。<中略>（飲み屋を選ぶにしても）ちょっと落ち着いた雰囲気の所があり。バーみたいなものもあるし，もちろん居酒屋チェーン店も入っているということもあって，誰が来ても，その人に合わせて必ずお店が見つかるなという感じがありますね（B）。

東京都は，2022年11月に東京都パートナーシップ宣誓制度を設定し，制度的に性的マイノリティの人権を保障することとした。五反田バレーがある品川区は，先行するスタートアップ企業先進地区である渋谷区や港区が都による制度化の前から同様の条例を独自に有していたことからすると遅れていたといえよう。また外国人の居住という点で見ると，港区における人口に占める外国人の比率が6.68％，渋谷区が同3.57％に対して品川区においては2.82％となっている（総務省統計局［2020］「国勢調査」小地域集計）。性的マイノリティや外国人に対する寛容性という点ではどのような特徴が見えてくるのだろうか。

外国籍という意味では，うちは結構ダイバーシティが盛んと言いますか，推進していまして。今はちょっと下がってきているのですが，多い時には外国籍の社員比率が30%くらい。今は20％切るくらいになってるんですけど，いろんな，グローバルなエンジニアが活躍してもらっているという会社です。取引先様も，大手様はやはり外国籍の方は多いかなと思います（A）。

区全体で見た場合には，必ずしも外国人比率は高くないものの，やはり多くのエンジニアが働くオフィスにおいては，五反田においても外国人比率は高くなっていることがわかる。ただし，外国人に対しては明確な答えが返ってきたものの，性的マイノリティに関しては存在することは明確でありながら，その表現の仕方は若干異なる。

社内ではオープンに聞くという形の方が多いですけれども，そこは聞き及ぶみたいな感じですね。バイネームで把握しているというよりかは，そういう方々もいます，みたいな形で，お話を伺っているという形ですね（B）。

LGBTみたいな話は，だいぶ東京的な，と言いますか，インクルージョンですと，10年前とか20年前に比べたら普通にいますよ，そういった方々も。だんだんボーダーがなくなってきているという感じです（A）。

五反田という土地が元来持っている多様性は，ITスタートアップの人々に前向きに捉えられているといえよう。相対的に安いエリアの中でも五反田が選ばれている理由の１つとして多様性があると言って良い。もっとも，性的マイノリティや外国人に対する寛容性といった点からすると，オフィス内部においてはそれを感じることができても，五反田というエリアで見た場合，先進的なエリアに比べると数値による裏付けは乏しく，制度的にも出遅れてきた感は否めない。

5.2.3　ITの集積パラドックス

今回調査を行うにあたって協力を要請した「五反田バレー」は，五反田を中心とするエリアに立地するスタートアップ企業が参加する団体である。集積が集積を生む，スタートアップ立地の動向に合わせて設立されたと言って良いだろう。

アフターコロナの様相を呈し始めた2023年に入ると，リモートワークの継続かオフィスへの回帰か，それぞれの企業における判断が分かれるようになった。コロナ以前においては，インターネット化によって遠隔から業務に参加することができるようになるという楽観論は退けられ，業界に関わる人々が集積することによるメリットを強調することが多かった。クリエイティブ・クラスが世界中の特定の都市・エリアに集積するという考え方もここをベースにしていることは言うまでもない。ひとまずここではこのような現象をITの集積パラドックス（吉村［2004］，192頁）と呼ぶことにしよう。インタビューにおいては，自治体やノードとなる団体を含めたコミュニティにおけるリアルなつながりが，集積のメリットを生み出していることが生き生きと語られている。

> クリエイティブな仕事をしようと思ったときに，<中略>クリエイティブな人間がいるところにいるべきっていう意味では，これ（品川区という選択），ベストじゃないですか（D）。

> 経営に近いメンバーとかはもう本当に膝を突き合わせてということで，オフィスに戻り始めていますね（A）。

Twitterとかfacebookもインプットとかトレンドを押さえるためには使ってますけど，どうしても情報の粒度が粗いというか，手触り感のない情報だったりするので，本当に自分たちの困っていることに効いてくる情報は，個別で聞いて出てきた話だったなという感じです。例えば具体の話で言うと，資金調達をするためにベンチャーキャピタルを回ります。<中略>何人に会ったほうがよくて，会うときって誰から会ったほうがいいか，優先度をどう付けるのかみたいな実務に落とすときの判断基準になる材料になると，意外と止まるレベルの情報が多かったりするんですよ。<中略>自分が明日手を動かすとなったときに本当に判断材料に使える情報は，やっぱ生々しい話なんで，知り合いからオフラインで聞いたりとか，ウェブ会議でクローズドの場で聞いた話だったりするみたいな感じのことですね（C)。

オンライン会議を用いることもあるとされるが，いずれにしても濃密な人間関係があって成立する情報の重要性が口々に語られている。オフィスの活用法においては，コロナ後の処理に工夫を凝らす姿も垣間見える。

品川区さんがやってらっしゃるSHIPもそうですし，民間事業者がやっているコワーキングスペースを複数組み合わせることで，従業員に提供できるオプションが増えています（A)。

SHIPは品川区が提供するコワーキングスペースであるが，この施設に言及する協力者は多かった。自然発生的に生み出された集積には違いないものの，品川区との関係や，五反田バレーという組織の魅力について言及されることも多かった。

最初に営利を持ってくると，行政の方も支援しづらくなるだろうし，大企業も会ってくれなくなるんで。<中略>結果的に中村岳人という理事長が，そういう視点（営利を前面に出さない）でコミュニティーをつくってきたっていうのも特徴をつくるきっかけになったし，継続する理由だったんじゃないか（A)。

いい意味でクラスターをつくるっていうのが，五反田バレーはいいロールモデルになるんじゃないかなって見てて。行政とのいい関係もあるし，民間のこの地場で協力しようみたいなものもあり，地方モデルと言うんだったらそういう形じゃないと多分難しいんじゃないかと思っています（B）。

地元の店が死に体になっている町より，人がいて，店が増えて，いいサービスが出てくる町のほうが過ごしやすいに決まっているだろうという，すごく資本主義的なシンプルな理屈が一つと，もう一つは，スタートアップからすると，自分たちのサービスを試せる場がやっぱり欲しい。実証実験をしたいという欲求が結構，多くのスタートアップにあるので，そういう意味で，地元の地域を盛り上げるみたいな動きをしていくと，自分たちのサービスをテスト的に地元の人たちに使ってもらうみたいな取組みができたりする（C）。

確かに，コロナ禍とリモートワークの活用はリアルな人の集積のメリットをいったん相対化することに役立った。しかし，リアルであれリモートであれ，人と人とが向き合うことによって生じる濃密な関係性がITスタートアップの集積には欠かすことができない点は，重要な論点であり続けているといえよう。また魅力的なスタートアップ集積の持続性を支えているのが，行政，民間非営利組織，そして各地から集まってきた人々によって自然発生的にできあがったコミュニティであることをインタビューは物語っている。

6　情報都市の市場文化への対応

フロリダは，2017年に『新たな都市危機』と題する著書を発表している。都市における格差が拡大し，クリエイティブ・クラスとその他の住民との分断を引き起こしていることを明らかにした。都市間競争におけるクリエイティブ・クラス獲得の重要性はこれまでどおり繰り返されるものの，特定都市へのクリエイティブ・クラスの集中が，ジェントリフィケーションに象徴される新しい都市の危機をもたらしていることに警鐘を鳴らしている。

コロナ禍でオフィスを縮小する企業がある一方，拡大する企業もある。日経産業新聞［2021］によると，五反田バレーで成長企業のオフィス拡張の需要が高まるも，「適切な」広さのオフィスの不足が指摘された。そのような中で，数多くのスタートアップが入居するTOCビルも2027年春の建て替えにともない高層化し，住宅も併設されるという。このことは，オフィス空間のみならずITスタートアップのコミュニティにも変化をもたらすであろう。

五反田バレーの所在地である五反田地区のオフィスや共同住宅の公示地価は，2010年から2022年の間に30%前後上昇している（東京都財務局）。しかしながら，五反田の住宅地は従来から不動産価格の高い物件が多く，今のところジェントリフィケーションが問題にされることはないようである。フロリダが新しい著作で「転向」（矢作［2020］）したのかどうかはともかく，より重要なのはこれほどまでにクリエイティブ・クラスの存在が一般化してきていることだと言えよう。

1990年代の後半からIT関連企業が特定のエリアに集積しているという指摘が始まり，2000年代にはフロリダの議論に象徴されるようにIT企業の集積とクリエイティブ・クラスの集住は，都市の顔とされるようになった。本章で明らかにしたように彼らが好む，あるいは彼らが作り出しているものは，ビジネスとプライベートが融合し，寛容性の高さが求められる市場文化である。この背景に経済・産業構造の転換があるのはいうまでもなく，ますます一般化していくものと考えられる。

もはやビジネスとプライベートの境界線が見えなくなり，多様性と寛容性が求められる市場文化は特別のものではなく，多くの都市に共通するものとなりつつある。第3章で分析されるように，そこでは消費者のアイデンティティやその形成のために用いられる財やサービスのあり方にも変化がもたらされることになる。都市や地域に関連するマーケティングや流通諸政策の成功は，このような消費パターンの転換がもたらす市場文化や消費者一人ひとりのあり方の変化に対応することなしにはもたらされないと言って良いだろう。

＜参考文献＞

Arnould, Eric J. & Thompson, Craig J.［2005］Consumer Culture Theory（CCT）: Twenty Years of Research, *Journal of Consumer Research*, Vol.31, No.4, pp.868-882.

Florida, Richard［2005］*Cities, and the Creative Class*, Routledge.（小長谷一之訳『クリエイティブ都市経済論』日本評論社，2010年）
Florida, Richard［2011］*The Rise of the Creative Class Revisited*（*10th Anniversary Edition*）, Basic Books.（井口典夫訳『新クリエイティブ資本論』ダイヤモンド社, 2014年）
Florida, Richard［2017］*The New Urban Crisis*, Basic Books.
Jacobs, Jane［1961］*The Death and Life of Great American Cities*,（山形浩生訳『アメリカ大都市の死と生』鹿島出版会，2010年）
阿部真也［2006］『いま流通消費都市の時代』中央経済社。
石原武政・石井淳蔵［1992］『街づくりのマーケティング』日本経済新聞社。
石原武政［2000］『商業組織の内部編成』千倉書房。
宇野史郎［2012］『まちづくりによる地域流通の再生』中央経済社。
野田邦弘［2014］『文化政策の展開―アーツマネジメントと創造都市』学芸出版社。
畢滔滔［2014］『よみがえる商店街』碩学舎。
畢滔滔［2015］『チャイナタウン　ゲイバー レザーサブカルチャー ビート そして街は観光の聖地となった：「本物」が息づくサンフランシスコ近隣地区』白桃書房。
畢滔滔［2020］『ヒッピーと呼ばれた若者たちが起こしたソーシャルイノベーション』白桃書房。
矢作弘［2020］『都市危機のアメリカ―凋落と再生の現場を歩く』岩波書店。
湯川抗［1998］「コンテンツ産業の地域依存性―マルチメディアガルチー」『FRI研究レポート』No.40。
吉村純一［2004］『マーケティングと生活世界』ミネルヴァ書房。
吉村純一［2008］「商業集積間競争と地域」宇野史郎他編『地域再生の流通研究』中央経済社。
総務省統計局［2010］［2015］［2020］「国勢調査」
https://www.e-stat.go.jp/stat-search?page=1&toukei=00200521&survey=国勢調査（最終閲覧日2023年1月25日）
東京都財務局「地価公示価格」
https://www.zaimu.metro.tokyo.lg.jp/kijunchi/chikakouji.html（最終閲覧日2023年3月10日）
『日経産業新聞』［2021］「五反田バレー，脱『仮住まい』」2021年11月10日，p.1。

第3章

ノマド消費とブランド：MacBookとStarbucks

1　ノマドのアイデンティティを探る

日本において，ノマドという言葉が脚光を浴びたのは，2010年代に入ってからである。新しい働き方を求める人々を指す新しい用語としてメディアで取りあげられることになった。もっとも，自由で新しい働き方を求める人々に対してはこれまでにも多くの言葉が用いられてきた。脱サラ，フリーター，フリーランスなどであるが，ここではこれらの異同については論じない。本章では，第1章で展開されたコミュニケーション資本主義とも言われる情報化社会の新しい段階に位置する2010年代に着目されることになったノマドについて，特にその消費者としての特性に着目して論じることにする。まず先行研究を振り返りながら，ノマドという用語がどのような時代背景のもとで，どのように用いられてきたのかを明らかにする。次に2010年代の日本における出版物やメディアにおけるノマド現象に着目し，より具体的に，MacBookとStarbucksという2つのブランドとの関係を足がかりにしながら，2010年代の日本におけるノマドのアイデンティティをインタビューによって明らかにすることにしている。

2　ノマドはどう語られてきたのか

2.1　ヨーロッパにおけるノマド論

社会的に推し進められる情報化のレベルはいくつかの段階を経て，人々の生活に大きな影響を与えてきた。もっとも情報化そのものが人々の生活のあり方から大きな影響を受けることにもなるのであるが。第1章では，情報化が人々の暮らしに与える影響を，コミュニケーション資本主義という時代把握の方法によって理解し，そこで生み出されるマクロの消費パターンについて解明を試みた。第2章では，人々が暮らす都市における市場文化について，ITスタートアップに関係している人々に着目しながら明らかにした。本章においては，2010年代以降のわが国に焦点を定めた上で，情報化社会の影響が消費者のアイデンティティ形成にどのような影響を及ぼしているのか解明を試みることにする。より具体的にはノマドと称される人々に焦点を合わせながら，また消費者のアイデンティティ形成においてブランドがいかに用いられているのか2つのブランドを題材にしながら，解明を試みてみたい。

もともと「ノマド」という用語は，一般的にはアジアを中心に活動する定住地を持たず移動生活をしていた遊牧民族を指す。この用語を現代社会における人々の暮らしのあり方を明らかにするために使う場合がある。ヨーロッパでは現代社会のあり方やその方向性をめぐる議論において，それは前向きな言葉として用いられてきたといえよう。

いち早く，遊牧民という概念を，現代社会における新しい一群の労働者層の説明に援用したのは，ドゥルーズとガタリ（Gilles Deleuze & Pierre-Félix Guattari）による『千のプラトー』であった。

彼らは，ノマドとしての知的労働者の誕生とその国家との関係について，国家はそれをうまく利用しようとするのだけれども，ノマドたちの政治的主張とのあいだに軋轢を経験せざるをえないとしている。

資本主義はノマドの存在を飼いならすことによって発展を遂げてきた（Derrida et al.［1973］，訳書185-186頁）。とりわけ，分裂症的な差異化の競争を内在化させそのダイナミズムを維持し管理することでしか延命することができない現代的な資本主義において，ノマドの創造力は，資本主義のダイナミズムに不可欠の存在として位置づけられることになる。ノマドが移動し立ち寄るすべての地点は中継地点でしかありえないと彼らはいう。「遊牧民の生活は間奏曲＝intermezzo」なのであると（Deleuze & Guattari［1980］，訳書69頁）。ノマドは既存の分業関係や秩序と対立し新しい秩序の形成を促すために，国家はこの一群の新しい労働者を抑圧することを余儀なくされる（Deleuze and Guattari［1980］，訳書46-47頁）。

同様の主張は，アルベルト・メルッチ（Alberto Melucci）にもみられる。現代社会を複合システム＝高密度ネットワーク社会として位置づけ，現代の遊牧民＝ノマドは,「文化的コードを書き換えることによって自己主張」（Melucci［1989］, 訳書59頁）するのだと論じる。メルッチは複合社会においては新しい社会運動が生じるのと同時に，ビジネス社会の側にも変化がもたらされるとしている。1970年代のヨーロッパにおいては,「『情報社会』の鍵となるコミュニケーション・メディアや広告やマーケティングの分野において，新しい技術者集団を出現させた」（Melucci［1989］，訳書84頁）とした。

これらの議論より後に登場したジャック・アタリ（Jacques Attali）は，2000年代以降の社会を超帝国が支配するようになる社会と位置づけた。超帝国の支配者は，サーカス型企業や劇場型企業のスターたちからなるとされる。それは,「サーカス型企業の所有者，ノマドとしての資産を保有する者，金融業や企業の戦略家，保険会社や娯楽産業の経営者，ソフトウェアの設計者，発明者，法律家，金融業者，作家，デザイナー，アーティスト，オブジェ・ノマドを開発するものといった人々」とされる。アタリは彼らを＜超ノマド＞と呼んでいる（Attali［2006］，訳書222頁）。

アタリはこのほかに，生き延びるために移動を強いられる＜下層ノマド＞，定住民でありながら超ノマドに憧れ，下層ノマドになることを恐れて，ヴァーチャルな世界に浸る＜ヴァーチャル・ノマド＞などノマドの階層を描いており，日本のオタクはヴァーチャル・ノマドに属するとしている（Attali［2006］，訳書339頁）。ノマドが愛する持ち運び可能なグッズは，ノマド・オブジェと呼ばれる。

これらの議論は，20世紀後半から21世紀にかけてもたらされた情報化社会の進展とネットワーク化，さらにはグローバル化といった現代資本主義のダイナミズムを描くものであったと言えよう。このような時代の転換の中で，知的労働者をはじめとするノマドたちが活躍の場を与えられることになる。もっともノマドの流動的な特徴は既存秩序にとっては必ずしも歓迎される存在ではなかった。文化的コードの書き換えをめぐる紛争などを繰り返しながら，多様な形をとったノマドが出現しやがて階層化することになる。したがって彼らの議論においてノマドの出現は，現代資本主義の転換にとって不可欠の存在として社会歴史的に位置づけられてきたといえよう。

2.2　消費文化理論によるエリートノマドの調査

近年の消費文化理論（Consumer Culture Theory: CCT）の議論においても，ノマドのライフスタイルは研究対象になっている。グローバル化しリキッド化する社会において登場するノマドの消費を解明するにあたっては，従来のCCTの議論において深い関係性のもとで論じられてきた消費者のアイデンティティと所有物の関係についての理解の再検討が進められている[1]。リキッド化した社会においては，消費は，一時的で，アクセスベースで，脱物質的な特徴を帯びるようになる（Bardhi and Eckhardt［2017］, p. 51）。このようなリキッド消費についての基本的な視点は，バウマン（Bauman, Z.）によってもたらされたものである。

ブルデュー（Bourdieu, P.）の『ディスタンクシオン』［2020］における文化消費の取り扱いを参照しながら，バウマンは，ブルデューの業績を「ソリッド・モダニティ」の段階から「リキッド・モダニティ」の段階への移行プロセスを写し取るものであったとしている。ソリッド・モダニティとは，定常的で堅固で長期間その形を維持する近代の条件であり，その逆にリキッド・モダニティとは，自己駆動的で自己増殖的で，連続する社会生活のいずれも長期間その形を維持することができない近代の条件とされ，前者から後者へと近代は移行する。そしてブルデューの業績は，その移行期の姿を描いたのだという。リキッド・モダニティの時代，消費者は独特の志向性を有するようになった。厳格な基準や潔癖さを排除して，あらゆる趣味を公平かつ選り好みなく受け入れること，つまり思考の柔軟性こそがもっとも賢明で正しいとされるようになるのだと，バウマンはいう（Bauman［2011］，訳書21頁）。

世界中を転々とするノマドのアイデンティティと所有物との関係を，エリートノマドに対するインタビューによって明らかにしようと試みたCCTの業績に，バルディなど（Bardhi et al.［2012］）がある。複数の生活拠点を移動し，世界中で活躍する16名の情報提供者に対するインタビューの成果は，ノマドのアイデンティティが特定の土地に固定化されないことを明らかにするところから始まった。その上で，リキッドな生活，すなわちグローバルな現代的ノマドのライフスタイルと所有物との関係，所有物の文化的な価値，所有物の使用価値，ならびに非物質的な所有物に関係して実施されたインタビューの成果を吟味している。結果的に，グローバルなノマド消費者の特性として，所有とのリキッドな関係性が明らかにされる。バルディなどはこのような特性は，通常のマーケティング論や消費者行動論において前提にされている所有とライフスタイルとのあいだの定常的で堅固な関係とは異なるものであるとの理解を獲得するにいたっている。

3　わが国におけるノマド現象

3.1　2010年代のノマド言説

Googleトレンドで調べてみると，データを利用できる2004年以降で，わが国においてノマドという検索語がGoogle上で目立って検索されたタイミングが2度ある（**図表3-1**）。1度目は，TBS「情熱大陸」において，集英社を退職して起業した株式会社スプリー代表取締役の安藤美冬が紹介された2012年4月である。これ以降，ノマドという言葉は一般化し多くのノマド関連書籍が相次いで出版されることになった。2度目は，クロエ・ジャオ（Chloé Zhao）監督によるアメリカ映画「ノマドランド」が上映された直後の2021年4月である。同作品は，高齢者が全米で働き口を求めながら移動する物語であり，アマゾンの物流倉庫での厳しい仕事が描かれるなど話題となり，アカデミー監督賞を受賞するなど高い評価を受けている。皮肉なことに2度のピークは，この間のノマド的生活の一般化と格差社会の急速な進行を示しているのかもしれない。ここでは，わが国におけるノマドへの関心が高まったこの時期における出版物を中心に，ノマドに関する言説に焦点をあててみよう。

図表3-1　ノマドの検索傾向（Googleトレンド2004年4月～2023年2月）

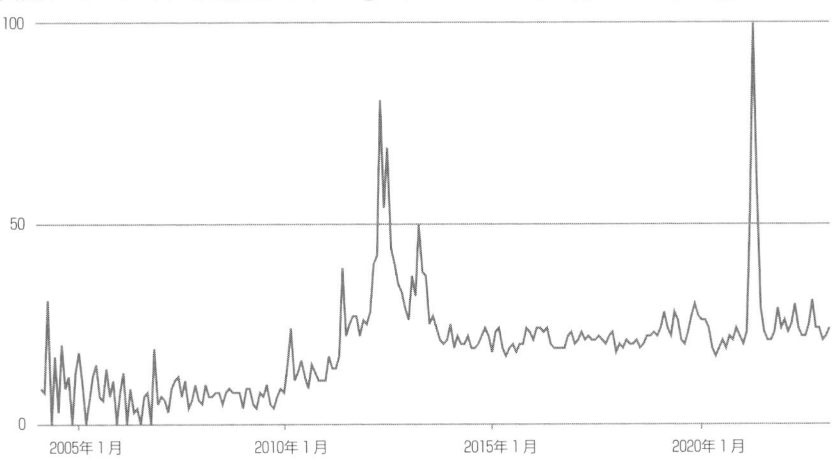

注：2004年4月から2023年2月にいたる期間における検索傾向をGoogleトレンドを用いてグラフ化した。グラフは，「ノマド」がもっとも検索された月を100として，それに対する月毎の割合を示している。
出所：Googleトレンドを用いて筆者作成。

Googleについて考察した書物を発行するなどしてインターネット社会論を展開していたジャーナリストの佐々木俊尚はいち早くノマド論を展開したひとりである。佐々木の『仕事をするのにオフィスはいらない－ノマドワーキングのすすめ』は，初期のノマド本でありながら，すでに「スタイル」や「心構え」といったノマド本に共通の軸を有しており，ドゥルーズとガタリ，あるいはアタリの議論にも言及するなどバランスが良く，配慮がいき渡った内容となっている。「アテンションのコントロール」という章が設けられ，いかに注意散漫にならず集中できる気持ちをつくり出せるかが重要であると述べられている（佐々木［2009］57頁）。ノマド・オブジェの紹介や，Starbucks，ルノワールといった定番のサードプレイス[2]の紹介もなされていた。

外資系企業を経てコンサルティング会社の取締役社長であり年の半分をハワ

イで暮らすという本田直之による『ノマドライフ』(2012）は，安藤美冬の「情熱大陸」出演の直前に発行されている。本田の語り口は柔らかい。ノマドライフは，生き方の問題であるという。それは，単なるテクニックや新しい働き方にとどまらず，仕事，休む場所，生活，趣味などを含めた「ライフスタイル全般の話と言っていいでしょう」(本田［2012］5頁）という。ノマドライフの成功者である本田自身が語るノマドライフには説得力がある。そして仕事場と生活の場の境界線はなくなるのだと述べている。ノマドライフとは，「仕事と遊びの垣根のない，世界中どこでも収入を得られるノマドビジネスを構築し，2箇所以上を移動しながら，快適な場所で生活と仕事をすることで，クリエイティビティや効率性，思考の柔軟性が向上し，それがいいスパイラルになるライフスタイル」(本田［2012］6頁）と定義されている。

また，モノ・場所・時間・お金から自由になる必要があり，それらに縛られたスタンダードから脱却する必要があるのだと語られている点は注目されるべき点であろう。「たくさんの”モノ”を所有することが幸せとされたのは，せいぜい90年代までのスタンダードです」というのである（本田［2012］23頁)。

『自由な働き方をつくる』を著したのは，リクルート社などでのサラリーマン経験があり人材コンサルタントとして活躍していた常見陽平である。常見は，自由を求めるノマド志願者たちに「心構え」を求めている。たとえば，「自由な生き方は，孤独な生き方なのだ」「仕事をつくる人・もらう人，物事をリードする人・リードされる人の主従関係があります」「制約の中でも自由を極めろ」(常見［2013］59-82頁）と矢継ぎ早である。

わが国におけるノマド論の多くは，実践的なノマド論である。ノマドとしての成功者がこれからノマドを志そうとする者に，ノウハウを伝授するという形のものが多い。したがって，ドゥルーズとガタリのような従来の国家制度からは対立的に存在する自由な存在としての新しい知的労働者像や，メルッチの複合社会における機動力のある社会運動の姿などとの関連が論じられることはない。

ところで，常見は，なぜ今ノマドが注目されるのかと問い，自由に働きたいと思う人にとって，自由に働くことができる環境が整ったから（常見［2013］, 49頁）としている。

これらの出版物においては，ノマド・オブジェの紹介やその使用法にページが割かれているのも１つの特徴をなしている。ノマドのスタイルへのこだわりは，ノマド・オブジェの使用によって表現されている部分が大きい。ノマド・オブジェは，自由に働くことができる環境を彼らに提供するのと同時に，ノマドとしてのアイデンティティを表現するために用いられている可能性が強い。この点，節をあらためて考えてみたい。

3.2　ノマド・オブジェとしてのMacBook

ノマド本においては，スタイルと「心構え」を実現するノマドの持ち物について詳細に紹介されている。ここではこれをアタリにならってノマド・オブジェと呼ぶことにしよう。本田は，デスクトップのパソコンは必要ない。ガラケーを捨てiPhoneにしようという。「私のメインマシンはMacBook Proで，大きな移動の際には持っていきます。小さい移動はMacBook Air，さらに小さい移動だとiPadもしくはiPhoneです」（本田［2012］，86頁）と。

常見においてもノマド・オブジェが紹介されているので確認してみよう。「私のカバン」として写真とともに中身の一覧表が掲載されている。パソコンは，MacBook Air とされており，そのスペックが細かに記されている。スマートフォンは，Xpedia GX とあり，iPhoneではなく，iPod をWiFiで使用しているとある。写真に映し出されたカバンは，Manhattan Portage のアップルストア限定版だという。中身がカバンの外に出されて行儀良く並んだ写真があるが，きわめて実用的であり，スタイルへのこだわりはあまり感じられない。

図表３-２は，ノマド本において紹介されたノマド・オブジェとサードプレイスを一覧にまとめたものである。佐々木の著作から本田と四角による著作にいたるまでその出版年にはおよそ10年の間隔があるが，示さているノマド・オブジェやサードプレイスにはそれほど大きな違いはない。

一目でわかるのは，Apple社ブランドとStarbucksの突出した強さである。Apple社以外のパソコンで示されているのは，HP（ヒューレットパッカード）社製のデスクトップパソコンのみであった。MacBookとStarbucksは，ノマドを標榜する者たちにとって必須のアイテムとして示されているのである。iPhoneの日本での発売は，2008年に開始されており，ここで紹介した出版物を

図表3-2　ノマド本に示されたノマド・オブジェとサードプレイス

	ノマド・オブジェ	サードプレイス
佐々木俊尚	・HPのデスクトップパソコン ・MacBook・iPhone	・Starbucks　・TULLY'S
本田直之	・MacBook Pro ・MacBook Air ・iPad・iPhone	・Starbucks・近所のカフェ ・飛行機の中・近所のジムのプールサイド
常見陽平	・MacBook Air ・Xpedia GX・iPod touch ・WiFiルーター	・Starbucks・TULLY'S ・喫茶室ルノアール ・KFC新橋店
本田直之・四角大輔	・iPhone7 ・MacBook 12-inch ・VIsion グローバルWiFi ・GoPro（カメラ） ・Anker（バッテリー） ・BOSE（イヤホン）	・断崖絶壁に立つカフェ（ギリシャ，サントリー二島）

出所：佐々木［2009］，本田［2012］，常見［2013］，本田・四角［2017］より作成。

含む多くのノマド本がそれ以降に発表されている。エア・ドロップを用いたApple製品間でのファイル共有やユーザーインターフェイスの良さは，多くのユーザーを惹きつけた。また創業者のスティーブ・ジョブズ（Steve Jobs）が2011年に惜しまれながらこの世を去ったことでブランドへの関心はさらに高まることになった。

2021年時点で，国内市場におけるパソコンの市場占有率の上位にはNECレノボなど，Windows系のメーカーが並び，Apple社のパソコンは，5.7%のシェアを有するに過ぎずシェア第6位の位置にある（MM総研［2022］）。もっとも，これはパソコン市場全体でみた数値であり，街で目にするパソコンの様子とは必ずしも一致しない。パソコン市場には法人向けと，個人向けとが存在し，個人向け市場に目を向けた場合，若干異なる数字があらわれてくる。個人向け市場にかぎった場合，Apple社の市場占有率は，13.0%で，NECレノボ，富士通に次いで第3位となり，デルや日本HPはその後に続くことになる。この国内市場における市場占有率の状況はこの数年でほぼ安定しているといえよう。Appleは，法人向けよりも個人向けの市場でより強い。結果的に，街でみかけるパソコンにApple社製のものが多くなるのである。

ところで，バルディなどは，ソリッド型の消費とリキッド型の消費の特徴を比較しながら（**図表3-3**），リキッド消費においては，所有物への愛着は減退

図表3-3　ソリッド消費とリキッド消費の比較

	ソリッド	リキッド
定義	永続的で，所有ベースで，物質的な消費	一時的で，アクセスベースで，非物質的な消費
製品レベル		
消費価値	サイズ，重量，固定性，安全性，愛着，およびコミットメントに価値がある	柔軟性，適応性，流動性，モバイル，軽量性，独立性，および高速性に価値がある
愛着	長年の所有による愛着/忠誠心：アイデンティティに関連するオブジェクトへのより強い愛着	流動的な所有による愛着/忠誠心の欠如；より少ない物への執着；ただし，アクセスを提供する特定の製品の場合，高くなる可能性がある
便益	アイデンティティとのリンクがより重要になる	使用価値の重要性が高まる
所有レベル	有形物の所有権と所持を強調；持ち物は多いほうがいい	アクセスと無形物を重視；持ち物は少ないほうがいい
意義	消費の意味は文脈を超えて安定している	消費の意味は文脈によって異なる
消費実践レベル		
消費者価値	所有権と所有の中心性	アクセス，シェアリング，借用の中心性
安定性	コンテクスト全体で安定している実践	コンテクストによって異なる実践
一時性	永続的な消費者の関与（忠誠心，熱狂，献身など）と関係	一時的な消費者の関与と関係
便益	提供されるアイデンティティやリンクすることの価値に対する消費を重視する消費者	感情的な関与や市場との同一化を避ける消費者。ただし，これは消費者の抵抗や市場からの離反の形ではない
愛着	消費の物への愛着の側面を強調する（例えば，拡張自己）	消費実践，体験，ネットワークを重視
欠点	重い	不安定性/不確実性

出所：Bardhi and Eckhardt［2017］, p. 587.

し，自己のアイデンティティと財を関連づけることも少なくなるとしている。しかし同時に，バルディなどは，アクセスの良さを提供する特定の製品に限れば，愛着が高くなる可能性があるとしている。リキッド消費の特徴からみて，ノマド（あるいはそれに憧れるもの）にとってのMacBookと次節で取り扱うStarbucksの存在は特別なものであると言えよう。

3.3　都市のサードプレイス，Starbucks

サードプレイスの選定においては，2010年代においてはWi-Fi環境の良さが影響しているものと思われ，ノマド本ではStarbucksのほかに，Wi-Fiの評価が高い喫茶室ルノアールなども選ばれている。もっとも一部にはジムのプールサイドなどのユニークな場所も含まれていた。

Starbucksがわが国に上陸したのは1996年で，1号店は銀座に開店した。以降，都市部を中心に出店を続け，2022年12月末現在で店舗数は1,792店舗となっている。Wi-Fi環境の良さは一般に知られており，無料でほぼ無制限に接続可能である。

Starbucksにいくと，パソコンをテーブルの上に広げて何らかの作業をしている人々をみかける。そしてそのパソコンの大半がMacBookであることに気がついている人は多いはずだ。このような現象を冷笑的にインターネットスラングで「ドヤラー」と呼ぶことがある。この言説についての評価は別の機会に譲ることにして，実際のところどの程度のシェアになるのか調べてみた。結果が**図表3－4**である。

ここでは，位置情報にかんするソーシャルメディアであるFOURSQUAREを用いて調査することにした。FOURSQUAREでは世界中のあらゆる地域のあらゆるサービス提供スポットをみつけることができる。たとえば，宮崎市の「おぐら本店」をピックアップすると，Tipという訪問者のコメントをみることができて，訪問者が残したチキン南蛮の写真を確認することができるのである。

このサービスを用いて，Starbucksの店内におけるパソコン使用の状況を確認した。東京23区内には265店舗（2018年9月10日時点）存在したが，そのすべての店舗の情報を得ることができた。1店舗あたり1,000枚以上の写真が掲載されている場合もある。ここでは，1店舗あたり100枚の掲載に満たない店舗は調査の対象外とした。写真にパソコンが写っているものをピックアップし，それがMacBookかそれ以外であるかを確認していった。

図表3-4　StarbucksにおけるMacBook比率（2018年9月）

	調査店舗数	写真総数	パソコン総数	MacBook	MacBook比率（%）
東京23区内	215	69,035	1,367	884	64.7
京都市	21	6,318	116	93	80.2
福岡市	17	3,998	54	44	81.5
合計	253	79,351	1,537	1,021	66.4

注：東京23区，京都市，福岡市に存在するStarbucksのすべての店舗をFOURSQUAREで検索し，ユーザーがFOURSQUARE上でアップしたすべての写真を確認した。写真中パソコンが写り込んだものの内，MacBookの数を目視にて確認した。なお1店舗当たりの写真数が100枚に満たない店舗は調査対象外とした。また，iPadなどのデバイスは，パソコンとは見なさずカウント外とし，判別がつかない写真もカウント外とした。
出所：筆者作成。

対象とした都市は，東京，京都，福岡である。東京でみた場合，写真の掲載数が100枚を下回る店舗を除外すると対象店舗は215店舗となった。対象店舗ごとに掲載された写真の総数は69,035枚であった。この内，パソコンが写り込んだ写真1,367枚を精査し，MacBookが写っていた写真が884枚となった。結果的に，東京23区内におけるStarbucksにおけるMacBook比率は，64.7%となった。同様に，京都市が80.2%，福岡市が81.5%となり，全体では，66.4%となった。

もっとも，東京23区内でも，区によって大きな違いが出た。官庁街があり，伝統的なビジネスの拠点でもある千代田区においては，そのパーセンテージは，60.8%と平均を下回った。これに対して，若者が多く，1990年代から渋谷ビットバレーと称されIT企業集積が際立つ渋谷区においては，73.7%と高くなった。例えば，Starbucksの渋谷区代官山蔦屋書店に併設された店舗においては，FOURSQUAREでのMacBook比率は，81.6%と高かった。

サキスア・サッセン（Saskia Sassen）による『グローバル・シティ』の議論は，情報化が進めば進むほど，世界中の特定都市に経済活動が集中することを明らかにした。国内の都市間の関係においても同様の動きがみられるようになり，第2章で取りあげたクリエイティブ・クラスが居住する都市に注目が集まることになる。バルディらが分析の対象としたエリートノマドがこれらの都市を股にかけて移動し続けるのはもちろん，これらの都市やエリアには，多くの人々が一定の市場文化を生み出しつつ，自らのアイデンティティを確立しているのである。

4 ノマドとの対話

4.1 調査設計

つぎにインタビュー調査を試みることにした。調査は，コロナ前の2018年の7月から8月にかけ実施した。調査の目的は，ノマドと称される人々の消費文化を明らかにすることである。第1に，ノマドのアイデンティティはどのようなものか，それを2つのブランドとの関係で明らかにすること，第2に，彼らによって生み出される市場文化があるのか，あるとすればそれはどのようなものか，そして第3に，先行研究が言及しているリキッドな特性をノマドの消費文化に確認できるのかである。

MacBookユーザーであり，Starbucksに出入りすることがある人というのが今回の調査対象者である。条件に該当する知人と，SNSに投稿されたMacBookやStarbucksについての写真や記事を手がかりにして，居住地が分散するように配慮し交渉をおこない協力をえた。それぞれに対して1時間程度のインタビューを実施している。属性の一覧（**図表3－5**）にあるように，年齢，職業などはバラバラである。居住地も分散しており，インタビューはそれぞれの活動拠点である東京，京都，福岡，熊本に出向きカフェやオフィスなどで実施した。商品やサービスの特性について細かいことを聞くのではなく，ラフな質問を準備した上で，各自のライフスタイルとこれらブランドとの関係についてできるだけ自由に話してもらうように心がけた。

調査協力者の平均年齢は，およそ30代半ばであり，職業は多様であるが正規の給与所得者が半数である。その収入はさまざまでありけっして経済的資本は高いとはいえないが，大学院修士・博士を終えた者，在学中の者など，学歴で示される文化資本はかなり高い。好きな音楽やブランドに共通した傾向をみい

図表3-5　調査協力者の属性

	年齢	性別	職業	既婚／未婚	学歴	好きな色	好きなブランド	好きな音楽
A	30代	女	薬剤師	未婚	大学	薄いピンク	STYLE DELI	音楽よりもVoicyなどを
B	30代	男	IT起業家	既婚	専門学校	モノトーン	UNIQLO	サカナクション
C	50代	女	音楽家	未婚	大学	緑	Apple	坂本龍一，ノイズ系
D	30代	女	大学職員	未婚	大学（修士課程在学中）	白	無印	邦ロック，BUMP OF CHICKEN
E	20代	男	高校教諭	未婚	修士課程	濃い水色	adidas	クラッシック
F	50代	男	大学教員	未婚	博士課程	黒，グレー，白	BMW	ロック，アデルなど
G	20代	男	大学生	未婚	大学（在学中）	薄い青	SUZUKI	J-POP，クラシック他

注：調査協力者は，筆者の知人でMacBookの使用者でありかつStarbucks Coffeeの利用者である者，各種SNS上においてStarbucks Coffeeで撮影されたMacBookを掲載していて協力要請に応えてくれた者である。インタビューは，東京，京都，福岡，熊本の4都市で実施した。
出所：筆者作成。

だすことはできなかった。

特定の職業・業務や専門領域をもった人々に話を聞くのではなく，いわば普通の消費者に話を聞くのであるから，話の内容は分散的になりなんらかの方向性をみつけ出すのは困難なのではないかと想定して作業をはじめたが，そのような危惧が無駄であることがわかった。すぐに協力者の話には一定の方向性を感じ取ることができたのである。

図表3-6は，テキストマイニングを実施し協力者の話の中で頻出した名詞をランキングしたものである。「Starbucks」と「MacBook」を除外し，さらに「Windows」や「iPad」などの機種などにかかわる用語や「熊本」など今回のインタビューの場所に関係する用語を除外して，名詞に着目すると，「仕事」が最上位に位置していることがわかる。それに続くのが「シンプル」である。そのほかの用語としては「音楽」，「デザイン」，「大学」，「ひとり」などが注目すべき名詞として浮かび上がってきた。

図表3－6　インタビューにおいて出現頻度が高かった名詞

順位	単語	スコア	出現頻度	順位	単語	スコア	出現頻度
1	Starbucks	306.59	89	16	デザイン	3.26	20
2	MacBook	74.66	51	17	大学	3.25	18
3	仕事	12.66	80	18	満足	3.05	11
4	iPad	8.84	27	19	最近	3.01	31
5	Instagram	8.84	12	20	学生	2.93	13
6	熊本	8.30	11	21	SNS	2.65	14
7	シンプル	7.94	16	22	勉強	2.58	21
8	パソコン	7.64	25	23	カフェ	2.42	14
9	最初	6.19	26	24	福岡	2.21	13
10	音楽	5.88	30	25	関係	2.10	17
11	京都	5.08	20	26	先生	2.07	20
12	集中	5.01	16	27	ソフト	2.07	11
13	好き	4.86	59	28	部分	1.98	12
14	マクドナルド	4.64	12	29	ひとり	1.96	12
15	一番	3.43	27	30	会社	1.81	16

注：7名に対して行ったインタビューのテキストファイルを分析対象とした。「スコア」は，TF-IDF法によって重要度が加味された値。
出所：ユーザーローカルを用いて筆者作成。

4.2　ノマドへのインタビュー

協力者たちに対するインタビューのテキストを用いながら分析を進めていきたい。恣意性をできるだけ排除するために，テキストマイニングにおいて頻出した名詞である仕事，シンプル，音楽，デザイン，大学，ひとりといった言葉に着目して会話を整理しながら分析を進めることにした。

4.2.1　シンプルなデザイン

理想のライフスタイルについて聞いてみると，ほとんどの協力者からシンプルなライフスタイルという返事が返ってきた。もっとも自分がシンプルさを求めても家族の賛同を得られないなどといったエピソードも語られた。またMacBookとシンプルな生活との相性の良さに言及される局面もあり，スティーブ・ジョブズをはじめとするIT業界の先駆者たちの哲学について触れられることも多く，ブランドの影響力は消費者のアイデンティティを形成する上で一定程度作用していることがわかる。他方で，好きなブランドとしてユニクロや無印について語られることが多かった。

質問：ザッカーバーグ（Mark Zuckerberg）はいつもTシャツを着ていますね。
回答：シンプルに生きなきゃいけないというのはすごく共感していて，ショールームの前田祐二さんとかも同じで，１日の中で決断できる総数は決まっているから，なるべく自分自身で決断しなくてもいいことは削っていくことが大切だといっています。それはIT系で成功している人には共通している考え方かなと思います。＜中略＞ZOZOTOWNのおまかせ定期便というサービスがあって，金額や寸法を伝えると，毎月洋服が届くサービスがあるんですね。気に入らないものは返品できます。何ヶ月か続けて最近やめたのですけど，そんなサービスがあればどんどん取り入れていきたいなと思います（B）。
質問：MacBookでモチベーションが上がるってどういうところですか？
回答：やっぱり全体的なデザイン，みた目のデザインもそうですし，UI（ユーザー・インターフェイス）のデザイン，つまり使いやすさとかでMacBookが好きです（B）。
質問：いつからMacBookを使い始めましたか？
回答：今年の３月からです。それまではThinkPad Lenovoを使っていました。<中略＞iPhoneを使っていることもありますし，友人から最初はWordやExcelとの親和性の問題があったけれどもそれもかなり解消されたと聞きましたし，MacBookをStarbucksで使っている人をみることも多くなって，自分もそれをやってみたいと思うようになりました。やっぱりデザイン性や，いわゆるスティーブ・ジョブズのイメージというのもありますね。そういう中でMacBookを使ってみようという気になりました（F）。

4.2.2　向上しようとする習慣

大学になんらかの形で関係をもっている人が多かったせいもあるが，大学や論文，それに講習会などに言及されることが多かった。初めてStarbucksに入ったのが高校時代の試験勉強だったと述べる人もいた。共通しているのは，何者かになるために努力することが習慣になっているということである。それは言葉を換えると，「ここにいる自分」からどこかに移動することが習慣になっているということかもしれない。向上への指向性は彼らのアイデンティティを語る上で欠かすことができない特徴といえよう。

質問：東京によくいっておられますが（Aさんは福岡市在住），どのくらいの頻度でいっておられますか？

回答：４月からは月１回ぐらいですね。はあちゅうさんのサロンは東京でやっていたんですよ。最初は頑張って参加していたのですが，月１回東京にいくのって大変で，費用も３，４万かかるので，なんかだんだん疲れて来て，サロンも辞めることにしました（A）。

質問：自分を掘り下げるといわれましたが，それは継続していなければならないと思っておられますか？

回答：あります。表現というのは自分との対話だと思います。自分自身を掘り下げて，とことん社会や，世界や，宇宙や，なんでも良いのですが，外と内の境界に在るものを大事にしなくてはなりません。自分自身を掘り下げて自分はどういう人間なのか，それをきっちり知っていくという作業が大事だと思います（C）。

質問：StarbucksでMacBookをもっていくときは，基本的には，大学の勉強をしているのですか。

回答：そうですね，大学の勉強です。あとは，デザイン関係に就職が決まっているので，そちらのほうの資格の勉強でしたり，あとは予備知識ですね，そういったものの勉強に使っています（G）。

4.2.3　ワーキングスペース

Starbucksを仕事場と位置づける人は多かった。いくと仕事をするのがあたり前という人がほとんどであった。もっとも，テキストを読み返すと，集中を要する仕事や，自分の全体の仕事のうち核心部分にあたる仕事まで含めたすべてをStarbucksでおこなう人はかぎられている。また本当の自分の仕事はStarbucksではできないと断言した協力者もいた。集中して自分の仕事をする空間だと述べる人から，ごく瑣末な仕事をする空間だという人まで含めて，Starbucksは職場の帰り道や，どこかに移動する中継点に準備されたワーキングスペースであるといって良いだろう。そしてみんながそのような使い方をする場所だと思っていっているのである。

質問：EさんにとってStarbucksとはどのような存在？

回答：半分仕事場です。いやまさに仕事場ですね。高校の職員室って大学の研究室とは違い開かれているので集中して作業するのが難しく思えます。そんな中で自分が一番集中できる空間はどこだろうかと思うと，家以外だとStarbucksなのです。Starbucksだと誰にも話しかけられませんからね（E）。

質問：本当の自分の仕事はStarbucksではできないというのはどのあたりですか？

回答：やっぱり集中できないということですね。やはり公共の場というのがありますから。ただStarbucksには，ほかと比べればということですが，そういう中でも自分の部屋の延長線上として使える仕掛けがしてあるように思えます（F）。

質問：集中できるという話ですが，どうして集中できるとお考えですか。

回答：余計なものがないというのと，それから周りの人で，ぺちゃくちゃしゃべっている人がほとんどいないです。コーヒーを飲みに来られる人か，仕事か勉強をされている方が多い。そういう人に囲まれていると，図書館と一緒なんですね（G）。

4.2.4　音へのこだわり

Starbucksの店内の音については，かねてよりさまざまなことがいわれてきた。陶器がふれあう音を嫌がって紙やプラスチックの容器を使っていること，店内に流れる音楽の選曲は特別のチームが秘密裏におこなっていることなどである。このStarbucksの戦略は，ユーザーに強く支持されていることがわかった。音にかんする店内環境の良さに言及するユーザーは多く，客の会話のトーンなどにも話は及んだ。見事に空間の演出と顧客セグメントが合致しているといえよう。しかも，客が撮った店舗ごとの写真をみてみると，エリアごとに顧客のタイプが異なっていることがわかる。本調査でノマドと仮定している人たちは，このうち特定の店舗にしかいかないものと推察される。都市部の特定店舗においては，音にこだわり，スタバで仕事をするのがあたり前となっている人々が，独特の市場空間をつくり出しているのである。

質問：ほかのお客さんを気にしてみることがありますか？

回答：お客さんをみる目的でいくわけではありませんが，ほかのお客さんにどのような人がいるのかは大事だと思います。聞こえてくる声とか，会話の内容とかが，やはりマクドナルドとかであれば落ち着かない感じがあります。声のトーンとかやっぱり気になります。周りの雰囲気で落ち着いていられるかどうかが左右される部分は大きいと思います（B)。

質問：仕事をしている人も多いから気兼ねなく自分も仕事できますよね？

回答：Starbucksの音環境は，多少ざわざわしているのですが，ちょうどいい具合なのです。仕事に集中しやすいですよね。実際どういう風にしているのか，理由はわかりませんが（C)。

質問：かかっている音楽ですが，音楽の専門家からみても，聞きやすい耳あたりの良い音楽ということでしょうか。

回答：いいですね。あと，音響，BGMの選曲からしてもいいですね。スピーカーから出す音量とか音質もかなりいいものだと思うんですよね（C)。

質問：マクドナルドとは人が喋っている内容が違うといわれる方がいましたが，マクドナルドとは違いますか？

回答：全然違います（C)。

4.2.5　孤独なノマド

Starbucksに行く時はひとりでいくと，ほぼ全員が答えた。誰かといくこともあるが，パソコンを開く仕事をする時はひとりとなっているようである。みずからのライフスタイルを説明するのにノマドという用語を使って説明した人がいた。また，一通りインタビューを終えて，お礼に私が書いた論文を渡して，ノマドにかんする考察をしているのだというと，みなさん関心を示し，なにかを語ろうとした。

Starbucksの店内でおこなっている仕事を整理すると，本業とそれ以外でみた場合，必ずしも一定しなかった。薬剤師や大学事務職員といった定型的な業務を本職とする人の場合，Starbucksでは業務以外の仕事あるいは勉強をしていた。それに対して，アントレプレナー，音楽家などは，本業にかかわる仕事をしているようである。彼らは同一空間をともにするが，相互に会話を交わすことはない。しかし，空間をともにすることを不快に思うどころか快適にすら思っている。いつも来ている誰かの存在を気にしていることもある。

質問：Starbucksにいかれる時は，ひとりが多くなりますか？グループでいかれることが多いでしょうか？

回答：いまはひとりが多いですね。友達といる時に梯子みたいな感じでいくこともあります（A)。

質問：友達とご一緒の時もStarbucksにいかれるのですね？

回答：新作が出た時などはいきます（A)。

質問：DさんにとってStarbucks って，ほかの喫茶店となにか違うとこってありますか？

回答：そうですね。やっぱり日常的に使ってきました。かつての職場のそばにStarbucksがあって，論文を書いているときにはほとんどそのStarbucksにいました。MacBookかiPadを持ち込んであそこで勉強するのが常だったので，京都に来てからもStarbucksにいきがちです。使いやすいっていう感覚が自分の中に定着しているのだろうと思います。＜中略＞ひとりでいった時，同じようにひとりでいっている人の顔ぶれが結構固定化していて，「今日もあの人いる」といった楽しみもありました（D)。

質問：理想のライフスタイルはどのようなものですか？

回答：やはりノマドですね。夏は北海道で仕事して，冬は南国でというのが一番。それが過ごしやすいなって思います（C)。

質問：それはある程度実現しているという実感はありますか？

回答：ないですね。京都の暑い中で耐え抜いて，寒い冬を乗り越えていかないといけないと（C）。

質問：以前からノマドみたいなものに関心はもっておられましたか？

回答：遊牧民志向っていうのがあります（C）。

質問：それには音楽の影響もありますか？

回答：そうですね（C）。

質問：昔，ワールドミュージックとか言っていましたね。

回答：その時代に，坂本（龍一）さんが書いた記事を読んでいまして，あの方もそのような遊牧民志向があって，その影響を受けています（C）。

5 消費パターン・市場文化・消費者アイデンティティ

さきに，調査にあたって解明すべき課題を示していた。第１に，ノマドのアイデンティティはどのようなものか，それを２つのブランドとの関係で明らかにすること，第２に，彼らによって生み出される市場文化があるのか，あるとすればそれはどのようなものか，そして第３に，先行研究が言及しているリキッドな特性をノマドの消費文化に確認できるのか，以上３点である。

第１の，消費者アイデンティティについていえば，ノマドは，シンプルなデザインを生活のすべてにおいて追求し，できるだけ混乱を避けるような選択をしがちであるということができる。MacBookのシンプルな外観デザインとインターフェイス上の使いやすさは，彼らのアイデンティティ形成上，必要とされるものであった。MacBookは彼らにとって「拡張自己」（Belk［1988］）であると同時に，リキッドな仕事や生活を促進する特別な存在として位置づけられると言えよう。

第２の，StarbucksでMacBookを広げる人たちによる市場文化は，共通の目的を持たない個別の消費者たちが，仕事のために同一空間に集まることで形成されている。それぞれがバラバラにやって来てバラバラに仕事をする。けっして交わることはない。しかし，彼らの店内の音響に対する反応や共通して有している高い文化資本とも相まって，求めている文化の指向性はかなり似通ったものとなっており，ほかの「参加者」のことを気にかけているとも証言された。ただし，同時代にノマドと称される人たちの中には，第２章で取りあげられたコワーキングスペースなどに集まる人々も多くいる。特にノマド同士の相互の接触可能性が異なると思われ，別途に検討がなされる必要がある。

Starbucksの京都三条大橋店や東京代官山の蔦屋書店併設店は，多くの客を集める都市型店舗である。FOURSQUAREで確認すると両店舗とともに，MacBook比率が高くノマドが集結する店舗であることは間違いない。実際に店に足を運んで目視で確認した際にも多くのMacBookを確認することができた。もっとも人気店は，ノマドで埋め尽くされるということはない。それどころか，両店舗ともにそれ自体観光スポットですらある。それにもかかわらずノマドたちはけっして相互にコミュニケーションをとったりはしないが，相互に意識しながらそれぞれの仕事を進めているのである。

第3は，先行研究が言及しているリキッドな特性を確認できるのかという点であった。この点で，協力者からは一切土着性のようなものが感じられなかった。会社への忠誠であったり，地域への愛着であったり，家族との紐帯であったりといったものをほとんど感じなかった。持ち物に対するこだわりも希薄であった。ほとんどの人ができるだけ捨てて整理したいと言及した。このような点で，彼らのライフスタイルは，何かのために生き方が固定され，人生のプロセスが既定化されているというソリッドなライフスタイルとは相容れないものであるといえよう。

1990年代に渋谷ビットバレーともてはやされた渋谷地区のStarbucksは，代官山店も含めて「スタバでMac」の拠点店が多い。今ではその波は近隣のエリアにも波及している。第2章で考察の対象となった五反田は，ビットバレーが拡大するエリアとして人気が高まっている。しかしながら，本章での分析が示しているのは，ノマド的な暮らしはもはやそれほど特殊なことではなく，むしろ一般化しつつあるということである。調査後コロナ禍を経て，なかなか定着していなかったリモートワークは企業によって積極的に活用法が模索されるようになり，それに伴いコワーキングスペースやレンタルオフィス，さらにはサブスクのカフェが増大することとなり，これをノマドカフェと称するといった現象がみられるようになった。

またミニマリストというライフスタイルの提案がなされ「消費しない」消費スタイルに共感が集まっている。これらはすべてバウマンがリキッドという言葉で説明しようとした現代社会の特徴を示している。ますます従来型のマーケティングを継続することは困難になっていくだろう。しかしそれでもなお消費者は自らのアイデンティティの形成のために商品やブランドを用いるのである。消費文化とマーケティングのコミュニケーションについて体系的に理解する枠組みの重要性は，強調してもしすぎることはない。

<注>

1　CCT議論の中核の１つとも言える消費者のアイデンティティと所有物との関係について論じたのはベルク（Belk［1988］）であるが，近年インターネット社会の進展に対応してその見直しをおこなっている（Belk［2013］）。
2　サードプレイスの基本的な理解については，オルデンバーグ［2013］を参照されたい。

<参考文献>

Attali, Jacques［2006］*Une Bréve Histoire De L'Avenir*, Fayard.（林昌宏訳『21世紀の歴史』作品社，2008年）

Bardhi, F., Eckhardt, G. M & Arnould, E. J［2012］. Liquid Relationship to Possessions, *Journal of Consumer Research*, Vol. 39（October）, 510-529.

Bardhi, F & Eckhardt, G.M［2017］Liquid Consumption, *Journal of Consumer Research*, Vol. 44（October）, 582-597.

Bauman, Zygmunt［2011］*Culture in a Liquid Modern World*, Polity Press.（伊藤茂訳『リキッド化する世界の文化論』青土社，2014年）

Belk, Russell［1988］Possessions and the Extended Self, *Journal of Consumer Research*, Vol. 15（September）, 139-168.

Belk, Russell［2013］Extended Self in a Digital World, *Journal of Consumer Research*, Vol. 40（October）, 477-500.

Bourdieu, Pierre［1979］*La Distinction*, Éditions de Minuit.（石井洋二郎訳『ディスタンクシオンⅠ』藤原書店，2020年）

Deleuze, G., & Guattari, F［1980］*Mille Plateaux*, Minuit.（宇野邦一・小林秋広・田中敏彦・豊崎光一・宮林寛・守中高明訳『千のプラトー（上・中・下）』河出書房，2010年）

Derrida, J., Deleuze, G., Lyotard, Klossowski, P.［1973］*Nietzsche Aujourd'Hui?* Union Génerale d'Éditions.（林好雄・本間邦雄・森本和夫訳『ニーチェは，今日？』筑摩書房，2002年）

Melucci, Alberto［1989］*Nomads of the Present: Social Movements and Individual Needs in Contemporary Society*, Hutchinson Radius.（山之内靖・貴堂嘉之・宮崎かすみ訳『現在に生きる遊牧民』岩波書店，1997年）

Oldenburg, Ray［1989］*The Great Good Place*, Da Capo Press.（忠平美幸訳『サードプレイス』みすず書房，2013年）

Sassen, Saskia［1991］*The Global City: New York, London, Tokyo*, Princeton University

Press.（伊豫谷登士翁監訳『グローバル・シティ』筑摩書房, 2008年）
佐々木俊尚［2009］『仕事するのにオフィスはいらない-ノマドワーキングのすすめ』光文社。
常見陽平［2013］『自由な働き方をつくる』日本実業出版社。
本田直之［2012］『ノマドライフ』朝日新聞出版。
本田直之・四角大輔［2017］『モバイルボヘミアン』ライツ社。
吉村純一［2018］「ノマド的ライフスタイル現象に関する所説とその社会構造的な背景」『熊本学園商学論集』第22巻第２号，３月。
吉村純一［2019］「リキッド化するノマドのライフスタイル：ノマド・オブジェとの関係を中心にして」『熊本学園商学論集』第23巻第１号，１月。
【WEBサイト】
FOURSQUARE https://ja.foursquare.com/city-guide（2023年５月６日最終閲覧）
Google トレンド https://trends.google.co.jp/home（2023年２月19日最終閲覧）
MM総研［2022］「2021年度通期　国内パソコン出荷台数調査」https://www.m2ri.jp/release/detail.html?id=539（2023年３月６日最終閲覧）
ユーザーローカル　テキストマイニングツールhttp://textmining.userlocal.jp/（2023年５月６日最終閲覧）

第2部

カルチュラル・ブランディングのケーススタディ

第4章

カルチュラル・ブランディングという新視角：ユニクロのブランド・イメージの変化

1　はじめに

文脈が変われば，モノの意味が変わる。―ここでは従来のブランド研究や実践において見落とされがちになっていた，ブランドを取り巻く背景となる文化としての文脈を戦略的に活用する有効性を主張する。その証左としてブランドのイメージを大きく変容させたユニクロの事例を取り上げる。

ユニクロは，1990年代には「ユニバレ」「ユニ被り」と言われ，表立って着ていることを自慢したいブランドではなかった。しかし2023年現在は「ユニクロがいい」と指名買いされるほどのブランドへと成長している。さらに着目すべき点は，ユニクロは自ブランドのイメージを変容させただけではなく，人々の「服」がもつ意味を変え，「服」の消費のあり方や価値を変えていくほど，パワフルなことである。今やユニクロは，LifeWear（意味：あらゆる人の生活を，より豊かにするための服）として固有のアイデンティティから形成され，さらに一企業のブランドの枠組みを超えて，「服」が象徴するステータスなどの社会階層との関係性を打ち破り，偏見のない社会への扉を拓き，「服」という社会通念をも変えていく。平たく言えば，成功者もそうでない人も，資産家でも貧乏な人でも，人種や家柄や国に関係なく，着用する「服」を世界に浸透させる。

このブランドの変化の現象を歴史的に観察すると，文化からアプローチするカルチュラル・ブランディングの構図が浮かび上がる。[1]

2 カルチュラル・ブランディングという考え方

消費文化理論（CCT）における代表的なブランド戦略論である，ホルト（Holt,D.B.［2004］）のカルチュラル・ブランディングは，ブランドのもつ意味を，ブランドそのものへの操作ではなく，ブランドが置かれる環境＝文化から変える方法論である。カルチュラル・ブランディングを直訳すると「文化的なブランド構築」という意味になる。ここで，はっきりさせたいのは「文化」の定義である。

一般的に「文化」とは，芸術や音楽といった人間の知的洗練や進歩の成果をさす場合があるが，ここではより広く，民族や社会の風習・伝統・思考方法・価値観などの総称として時に，世代を通じて伝承をもされていくものを意味する。理論研究においては，文化の定義に唯一のものはなく Holt自身も明確に定めず論をすすめている[2]。本章では文化人類学者のギアツ（Geerts, C.［1973＝1987］）により定義されている，人々の意識の制御装置であり，共有された意味のパターン・体系・社会的規範としている。これは，一般的に広義に定義される文化と同一のものと捉えられる。今後「文化」と記述された場合，「人々の中で共有された思考や価値観の体系」と読み替えていただければ，わかりやすい。文化は消費行動にも影響する。例えば「塩」を見た時に，日本人は「お清め」を想起するが，欧米人には「塩」は調味料にすぎない。物理的に同じモノであっても，その記号から読み取る「意味」は文化に規定されていることがわかる。バルト（Barthes［1957］）は，モノなどが普及する中で，文字通りの意味を超え，モノが「神話をもつ」ことを明らかにしている。このような発見から，ホルトは文化を創造し，その刺激で，ブランド・イメージを外部から変化させるという発想に至る。

2.1 これまでのブランド・マネジメント研究の視点

ブランド研究は大きく２つのパラダイムに分けられる。個々の消費者の知識と情報処理に焦点をあてた伝統的な実証主義的アプローチと，ブランドを総体として捉え，文化を相互の要素・概念間の関係性の中で捉えていく解釈主義アプローチである（Allen, Fournier, & Miller［2008］)。後者のパラダイムによる研究は，前者の研究に遅れて活発化した（Heding, Knudtzen, & Bjerre［2015］)。実証主義アプローチは，ブランド研究がマーケティング論の一大分野として確立されていく上で多大な貢献を果たし，ブランドの役割を経営上欠かせぬものとした。特にアーカー（Aaker, D. A.［1991］）のManaging Brand Equity はそれまでのブランドに関する実証主義の緒論を整理・体系化した重要な功績である。ブランドは消費者の心の中に知識構造として存在しているとされ（Keller［1993］)，ブランドは購買のリスクを減らし情報処理を簡略化させ，取引コストを下げていくなどの機能をもつ（Maheswaran, Mackie, & Chaiken［1992］)。ブランド価値の測定は，消費者のブランド知識を基準とし（Farquhar, Han, Herr, & Ijiri［1992］; Keller［1993］）これをベースに無形資産＝ブランド・エクイティとして算定される。ブランド・マネジャーの仕事は，所有するブランドを顧客にどのように認識されたいか，知覚されたいのかという成果を意識し，その価値を中心とした事業活動を行うことによって蓄積されるブランド・イメージとその維持管理の手法が強調される（Aaker［1991］, pp.13-21; Kotler［1994］, pp.444-445)。

ケーラーとリーマン（Keller & Lehmann［2006］）は，これまでのブランド研究をレビューし「ブランドとブランド構築の研究成果と将来の解決すべき課題」と題し俯瞰している。そこでは「ブランド構築とその業務」「統合ブランドマーケティング」「ブランド価値の評価」「ブランド拡張」「戦略的ブランド管理」に分類されているが，「カルチュラル・ブランディング」や「解釈主義的アプローチ」は扱われていない。このように既存のブランド研究は，実証主義に基づく，組織の中でのブランド・マネジメントやその評価，顧客とのリレーションシップといった企業と顧客，市場を対象とした経済合理性を追求するマネジリアル傾向[3]が主流であったことがわかる。本稿では，このアプローチを総称してマネジリアルなブランド・マネジメントと呼ぶ。

2.2　新しいブランド研究の視点

一方で企業の目線ではなく，消費者を集団とみなし，文化を扱う解釈主義アプローチに列なる研究もある。ガードナーとレヴィ（Gardner & Levy

［1955］）の物理的特徴以外の価値への注目や，パッカードとペイン（Packard & Payne［1957］）やディチャー（Dichter［1960］）による自動車の選択と購買者の理想像との関係性への言及，またベルク（Belk［1988］）の拡張自己やハーシュマンとホルブロック（Hirschman & Holbrook［1982］）の経験価値など，今日的な解釈主義研究の基礎は早くから提示されていた。特にブランドとの関連性が色濃いのは言語学から派生した記号論である。レヴィ・ストロース（Lévi-Strauss［1958/1972］）は「ことば」と「もの」を一体のものとして扱い，現象のダイナミズムを構造的に捉える。バルト（Barthes［1957］）は，文化における神話の作用を示した。ボードリヤール（Baudrillard［1970］）は，高度化社会におけるモノ消費の記号化を描いた。マーケティング研究におけるレイモア（Leymore［1975］）による広告表現研究などにつながっていく。このような広範囲にわたる研究潮流はマクラッケン（McCracken［1986］）を基点にアーノルドとトンプソン（Arnould & Thompson［2005］）によって消費文化理論（CCT）としてゆるやかに統合され，消費文化からのアプローチの存在感が高まっていく。その中でミニッツとオギュイン（Muniz & O'guinn［2001］）やマックアレクサンダー，シューテンとコーン（McAlexander, Schouten, & Koenig［2002］）のブランド・コミュニティ研究，そして ホルト［2004］のカルチュラル・ブランディングが登場する（Arnould & Thompson［2005］; Heding, Knudtzen, & Bjerre［2015］）。ホルトの所論は，消費文化論の中に位置づけられるが，経験価値やブランド・コミュニティにかかわる諸研究とも異なり，ポスト構造主義を立脚点に，社会的消費パターンとして包括的にブランドを捉える文化と歴史的連続性という超越的視点をブランド研究に持ち込む（Holt［1997］）。ホルトは，これまでの認知心理学やマネジリアルな管理を目指すブランド研究を問い直す挑戦的な立場をとり続けた（Holt［2004, 2017］; Holt & Cameron［2010］）。そこでは，ブランド構築における文化の視点は，いかなるカテゴリーでも欠くことができないと主張し，これまでのアプローチをマインドシェアモデルとよび，競争激化のレッドオーシャンに臨む戦略だと批判する（Holt［2004,2017］; Holt & Cameron［2010］）。

2.3　カルチュラル・ブランディングとは

Holtが提唱するカルチュラル・ブランディングへの理解は，少し難しい。

その理由は2つある。1つはモデルの分析の難しさにある。モデルを構成する概念の一つひとつのレベルがバラバラであり，国家や社会や，世の中の矛盾から発生する人々のジレンマ…といった抽象度の高い広範でその領域を明確に特定するのも難しい。さらにそれらの構成要素が時間的連続性の中で影響しあう。これは現実と現実の関係性を説明するプロセス理論（Mohr［1982］）と呼ばれる解釈的アプローチである（**図表4－1**）。多次元に及ぶ質的なプロセスデータを時系列で見せていくこのアプローチは，複雑な現象を複雑なまま一体の構造として捉え，現象の説明力を高めようとする。ここで重要となるのは“パターンの把握”である（Langley［1999］）。データを最小単位の変数まで分解し，環境を固定することで純化した状況をつくる統計的手続きとは異なり，プロセス理論は変数間の因果関係が直接的には結びつかないこともある。

図表4－1　解釈的アプローチの難しさ

分散理論
（定量的かつ因果関係の把握）

属性(例)
・トップマネジメント
・社内組織の協力度
・報酬システム

$$Y = f\{x1, ..., xn\}$$

プロセス理論
（定性的かつパターンの把握）

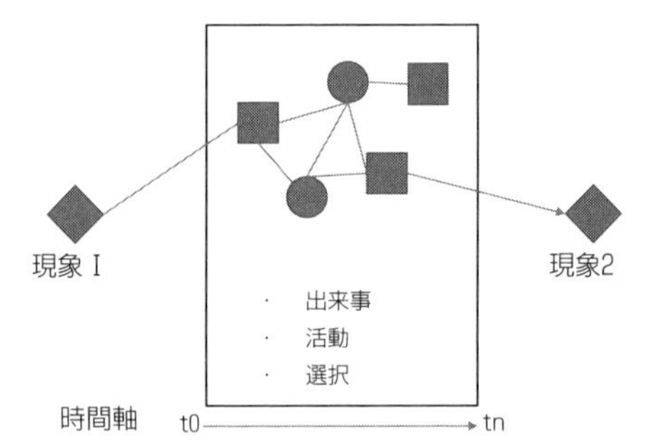

出所：ムーア（Mohr［1982］），ラングレイ（Langley［1999］）を元に筆者作成。

2つめの理由は使用される用語が難しい。カルチュラル・ブランディングが想定する神話市場とは，バルト（Barthes［1957］）の神話作用に依拠している。そこでは広告から文字以上のさまざまなメッセージが読みとれることが主張され，そのまま読み解いた記号の言語的意味から，潜在的な意味を象徴的意味とし，「言葉や事象に内包されるイメージ・シンボル的意味」を広告が活用していることを主張する。神話と市場を組み合わせた「神話市場」には，広告と消費から創造され，人々の新たな思考のパターンや体系である文化が生み出される。ホルト［2004］のいうイコンブランドとは，特定の文化に規定された「象徴的意味」が消費者に浸透したブランドのことである。ホルトは神話をブランド戦略の解釈へと援用する（Holt［2004］；Holt & Cameron［2010］）。カルチュラル・ブランディングのモデルとなる神話市場は，国家的イデオロギー（歴史的・国家的立場を反映した社会集団の観念・思想・意識の体系）と現実的に直面した個々人のアイデンティティ目標（願望）の間にジレンマが生じる時，理想と現実に戸惑う人々の不安や欲求に対して，その解決の1つとして意味づけがブランド・イメージと結びついた時，その拠り所となるイコンが形成される（**図表4－2**）。このような理想と現実の二項対立の構造は，レイモア（Leymore［1975］）が社会の秩序を構築するシステムの1つとなる隠された神話とも捉えている。企業が戦略的に，あるいは制作現場が，この構造を無意識に捉え，時代や人々の気持ちを解読した上でブランド・コミュニケーションを展開し，さまざまな物語を継続的に発信することでイコンブランドとして形成される。

図表4－2　神話市場の構造　The Structure of a Myth Market

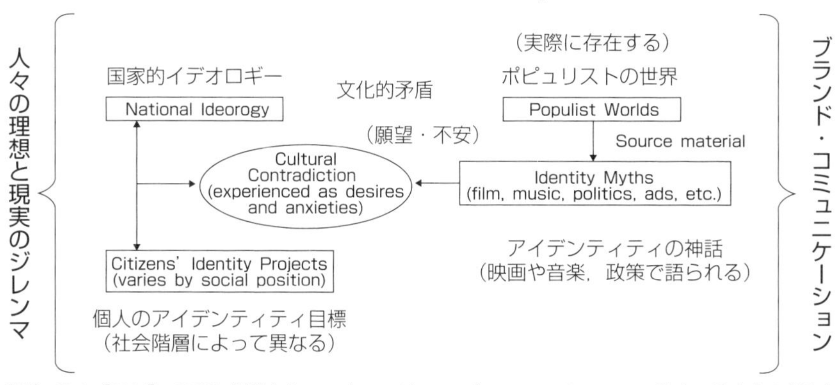

出所：Holt［2004］，58頁に解説として，人々のジレンマとコミュニケーション戦略に該当する部分を筆者追記。

そこでのコミュニケーションは，ポピュリスト（ここでは大衆の感情に寄り添う著名人）を演者に，映画（映像）や音楽（あるいはジングル），政策（広報PR）で，ブランドのアイデンティティの神話を創造し，ブランドのもつ意味を形成する。

象徴的意味を帯びたイコンブランドは，ブランドが文化的な象徴として神格化され，特定の価値観を熱く支持する人の間で自己を投影する共通の手段となりうるものである（Holt［2004］; Holt & Cameron［2010］)。

3　ユニクロブランドの事例

ここではイコン化の事例としてユニクロを取り上げ，「ユニ隠し」から「ユニクロがいい」と消費者から支持され，「服」そのものの概念を変えていくまでのプロセスを2つの視点から分析する。ひとつは，従来のマネジリアルなブランド・マネジメントの視点と，もうひとつは，新しいカルチュラル・ブランディングの視点である。

ここでユニクロの影響力の大きさを確認するために，日本の被服市場を概観したい。日本の被服に対する支出は下落している。2000年を基準に各家庭の支出額の経年推移を追ったところ，実収入が微減の中，実収入よりも下降する項目が被服および履物である（**図表4－3**）。被服に対する支出額が減少した背景には，衣服への意識の変化があると考えられる。下落の背景にはファストファッション市場の台頭があり，低迷するDCブランドを後目に，1998年のZARAの国内出店や1999年のユニクロのフリースブーム，2008年のH&Mの国内出店によりファストファッション市場は勃興していく。

ファストファッションは，われわれの衣服への意識を変えていく。服飾文化研究では，衣服は人を規定し，社会階層や人の気質までも象徴する前提にたち，個人の社会的アイデンティティ形成と不可分な関係にある（Scott & Ellis,［2000］)。ユニクロをはじめとするファストファッションは人が衣服を規定する，あるいは大げさに表現すれば，衣服に帯びる社会的文脈から人が解放されるという新しい衣服のパラダイムを形成している可能性がある。ユニクロは，LifeWearという哲学的コンセプトを掲げ，「洋服」や「衣類」ではない新しい

図表4-3　一世帯あたりの消費支出（基準年2000年[4]）

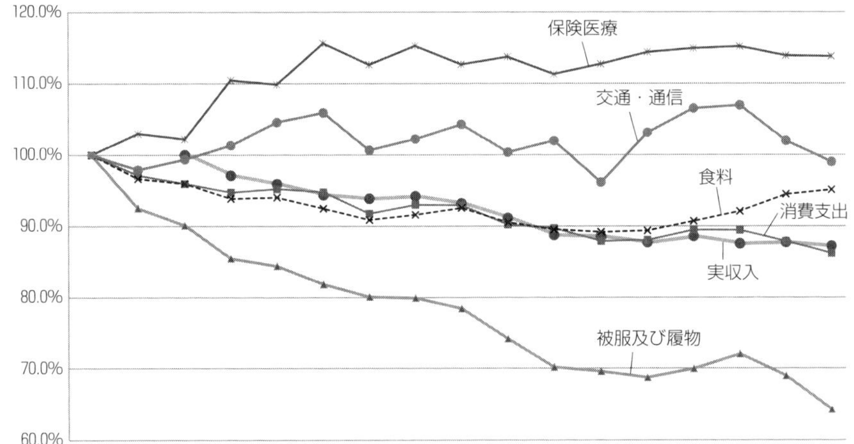

注：平成17年度（2000年）を100%として，その経年推移をグラフ化。なお1995年～1999年のデータは算出基準が異なるため，本データでは扱わない。また1990年から1994年のデータは確認できない。
出所：総務省統計局［2000-2015］から筆者作成。

「服」の概念を変え，誰でも着られる究極の日常着を提案し，ファストファッションそのもののもつ意味をも創造しようという意思が見える。ユニクロは，われわれの服の概念と意識を新たに創造している。

3.1　ブランド・イメージの変化

ユニクロの15年間のブランド・イメージの変化を確認しよう。「日経企業イメージ」[5]調査では，毎年約500社以上を対象に一般個人，ビジネスパーソン別に大規模調査を30年以上実施してきたデータの蓄積がある。ユニクロは2000年度に調査対象としてノミネートされた。

このデータを用いるとユニクロは**図表4-4**のような推移をたどる。縦軸に日経企業イメージのスコア，横軸に年を設定。中心に位置する四角の折れ線（■）は，日経企業イメージ調査の項目で経年継続して取られておりランキング化されている上位100社の平均スコアを加工し表示した。

丸（●）が示すのは，ユニクロのスコアである。上位100社とのスコアの比較から，2000年から2014年の15年の間にイメージは大きく飛躍したといえる。

図表4－4　日経企業イメージ推移

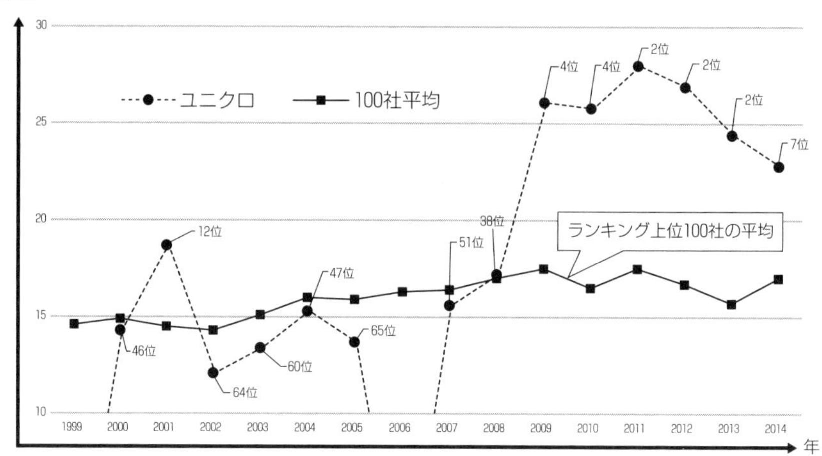

出所：日経企業イメージ調査［2000年-2014年］を元に筆者作成（グラフの数字は実査年）。

1999年に調査対象として初めてランクインした後，フリースブームにのって全国的に認知度が高くなった。2000年発表時は，上位ランキングの100社中，46位まで上昇。翌年には12位となった。しかし2005年，2006年を底に落ち込み，2006年にはランク外へと落ちている。そして2007年からは上昇に転じ2009年には4位，2011年から2013年には2位と安定している。

グラフから読み取れるように，2006年がブランド・イメージ上昇の転換点になる。実はこの時，ユニクロにおいては，CI（コーポレート・アイデンティティ）戦略が導入され，VI（ブランド要素）の管理が強化されていく。そして2010年度には，ユニクロブランドのBI（ブランド・アイデンティティ）が国内で本格導入，ブランドコンセプトの“MADE FOR ALL”も規定され，ファーストリテイリングが掲げる理念と明確に区分されていく。

つまり従来型のマネジリアルなブランド・マネジメントは2006年から本格導入されていった。その効果がブランド・イメージに貢献していると思われる。反対に2006年以前は，組織的に体系だったブランド・マネジメントが取り組まれていなかったとも言える。ただその間もブランド・イメージが飛躍的に上昇していることから，そこに代替的なブランディングがあったと考えられる。

以降詳しい分析を述べる前に，結論を先取りすれば1999年～2006年の初期段階からカルチュラル・ブランディングの構造が見られ，2006年以降は，従来型のマネジリアルなブランド・マネジメントに並行しながら，カルチュラル・ブランディングの構造もあったことが確認されている。その詳細をみていく[6]。

3.2　マネジリアルなブランド・マネジメントからの視角

3.2.1　フェーズ1：2006年以前

ブランドを構成する要素であるVI（ヴィジュアル・アイデンティティ）と呼ばれ，事業活動の成果や背後にある想いを象徴的に表現することで，ブランドの再生と再認を容易にする。VIはロゴやシンボルから，その展開システムとして，色のトーンアンドマナー，看板や音，香りなどを通じて，ブランドから広がる世界観をわかりやすく人々に訴求する。

柳井［2009］によると，シンボルマークは四段階で進化している。創業初期黒と白をベースカラーに，三角形にUNIQUE CLOTHING WEARHOUSEと刻まれ，男女が手をつなぎながら両手を上げているものである。倉庫のイメージと若い男女がターゲットということを象徴している。その後，カラーは赤に変わり，四角のモチーフへと変わった。次に正式名称が略称となり赤の背景にUNIQLOと白抜きで表現されたものにリニューアル。しかし年が経つにつれ，いつの間にか赤の背景がエンジになり，色指定が曖昧になっていたという。

3.2.2　フェーズ2：2006年～ CI導入によるブランド・マネジメントの展開

2006年のニューヨークのソーホーへの大型店出店のタイミングを機に，VIをCI（コーポレート・アイデンティティ）とBI（ブランド・アイデンティティ）とともに大きく変更し組織立って，その世界観を様々な顧客接点で体現していく。柳井［2009］によると，その刷新の背景には世界的競合や模倣に埋もれブレないロゴマークや書体を開発する必要があったという。クリエイティブディレクターの佐藤可士和氏は「ベンチャースピリット」と「日本の国旗」の意味を込め，これまで使われていたエンジを赤にもどした。曖昧だったVIシステムデザインを規定し，CIとBIを広告として一貫した世界観を打ち出していく。新たに定められたCIは赤色の三角旗は右高成長を意味し，会社としての「尖り」を示したという。デザインは，既存の枠組みを超え，新しい価値や視点を提示することから，その求心力となる「旗」をシンボルとした。旗を構成する3つのラインは「服を変え，常識を変え，世界を変えていく」というコーポレートスローガンを表している。ここに込められた同社の精神は「革新と挑戦」である。創業以来の日本発であること，そして日本の美意識を色濃く打ち出し，新しい服の価値の提案を示している。またBIも刷新した。日本文化を本格的に海外に打ち出す口火を切る役割であったニューヨーク・ソーホー店は，その日本の「美意識ある超合理性」というコンセプトを体現するべく国内に導入される新しいロゴマークが配された。それは，あえて，「ユニクロ」とカタカナ表記と「UNIQLO」とアルファベット表記を併記するものであった。海外の人が読めない文字自体が，日本発であることを強く示したものであった（柳井［2009］）。このような国際的な事業展開とブランド要素を組み合わせたブランド体験が2006年から2009年の間のイメージの上昇に結実していく。

そして2010年には，ユニクロブランドのBI（ブランド・アイデンティティ）が国内で本格導入，ブランドコンセプトの“MADE FOR ALL”も規定され，同社が掲げる理念と区別され管理される仕組みができる。“MADE FOR ALL”とは，ユニクロのつくりたい服を現した言葉で「国籍。職業。性別。人を区別するあらゆるものを超えた，あらゆる人々のための服。世界中の人々が，それぞれのスタイルで自由に組み合わせ，毎日気持ちよく着ることができる服。シンプルで必要不可欠でありながら，ライフスタイルをも変えていく革新的な服。」という意味である。さらに2013年にはブランドコンセプトMADE FOR ALLを洗練させLifeWear とした。LifeWear（究極の普段着）とはユニクロだからこそつくれる新しい服のカテゴリーを表している。それは高品質でファッション性があり，着心地が良く，誰もが手に届く価格の日常着を意味する。ユニクロはこのLifeWearのコンセプトを体現し世界中で愛されるブランドへの育成をめざしている。

3.3　カルチュラル・ブランディングからの視角

次に，カルチュラル・ブランディングからユニクロブランドの成長をみていく。カルチュラル・ブランディングは，プロセス理論を使用すると既述したが，使用するデータは，ユニクロが発するブランド・コミュニケーションについてはプレスリリースおよび報道と広告表現から把握する。神話市場の構造を特定するデータとして，「経済」「政治」「社会」に分け，株価とGDP成長率，各年代の政権と首相，主要施策・制度を基礎的に整理した上で，もたらされた風潮として流行語や流行曲に象徴されると置き換えて捉えた。

3.3.1　フェーズ1：2006年以前－CMによるイメージの劇的変化

(ⅰ) ユニクロのコミュニケーション

1998年以前のコミュニケーションは，テレビとチラシを活用し「安さ」「性能」「返品交換可能」を前面に打ち出した商品サービスの直接的な機能訴求であった。特にそれを象徴するCMがYoutubeに残っているが，それは1994年の「ユニクロは返品を受け付けます」というものである。レジ前で“大阪のおばちゃん”が商品を返品したいと言い，どんどんと服を脱いでいくという強烈なインパクトのあるものだった（柳井正・ジョン・C・ジェイ・タナカノリユキ・佐藤可士和［2008］）。もともとユニクロは郊外ロードサイド型で，5～10万人の商圏に出店し「安いですよ」と折り込みチラシを使って客に来てもらっていた。その結果ユニクロは，「安かろう，悪かろう」というイメージがつきまとい，首都圏では低認知といった問題を抱えていた（玉塚［2001］）。

そこで，1997年GAP方式の製造小売（SPA）に業態転換し東証二部上場を果たし，1998年の原宿店出店を機に，以前から好評だったフリースを全面的に打ち出すこととなった（柳井［2003］）。さらに外資系広告会社とパートナーシップを結ぶ。

1999年新しく制作されたCMのコンセプトは，「着る人がスタイルをつくる」であった。出演者の選定基準は「個性的に生きている人」で，俳優の天本英世やミュージシャンの山崎まさよしといった個性的な著名人，小学生やスポーツ選手などさまざまな年齢や性別，職業の人が選ばれた。「あなたのスタイルを教えてください」という質問に，フリースを着た出演者が本人の言葉で自分自身の生き方や音楽，好きなことについてモノローグで語るというCMで，ファッションは背景に過ぎず，着る人の生き方を垣間見られるような内容になっていた。柳井ほか［2008］によると，このようなCM製作でもっとも大切にされたのが，登場人物が飾らず率直に生き方を語る意義=「リアリティ」であった。例えば，松任谷由美のナレーションは，「私は何かにうつるというとめちゃくちゃあがっちゃうのですよ」という話し言葉そのもので表現している。続けて「21世紀をどんな風に生きたいですか」と学生に質問する内容のCMを制作した。そこには明確に，「不安な気分が世界中に漂っていたミレニアムを意識した」制作意図があったという（柳井など［2008］）。

（ⅱ）政治・経済・風俗

制作意図につながった背景を，世相を政治・経済・風俗から確認したい。

1999年の『年次経済報告書』によると，この頃の日本の雇用・所得環境は厳しさを増し，「土地神話」「消費神話」，そして，「完全雇用神話」が消えたという。

電通の広告景気年表によると流行歌は，1999年のモーニング娘「LOVEマシーン」や，坂本九の楽曲を時代に合わせてアレンジした2001年の「明日があるさ」がある。その中で繰り返されるのは，日本の未来や明日の景気回復を祈る描写“日本の未来は…WOWOW 世界がうらやむYeah”や，グローバル化によって変わらざるを得ない時代に入ったことを象徴する“新しい上司はフランス人…明日がある”などである。歌うのは日本の再生を意味する「Re:Japan」というグループ名を冠した吉本興業の芸人らであった。当時の流行語は，“明日があるさ”は大賞にも選ばれている。また「リベンジ」や「雑草魂」そして小泉首相の提唱した「米百俵」も流行した。このような世相は，当時の日本経済・社会の構造的な変化の必要性を象徴している[7]。毎日新聞［2015］によると，90年のバブル崩壊以降，日本は「失われた20年」の長期停滞に陥っていく。当時の日本は「世界第1位の経済大国である」というバブルの陶酔感から抜け出し切れず，「いつかは，また同じように豊かな経済が回復するはずである」と誰もが期待していたという。そのことは，日本の未来を明るく願う流行歌からもうかがえる。2000年代に入りITバブルの中で失業率が回復しないジョブレスリカバリーが起こり，産業空洞化の問題がおこった（伊藤［2000］）。日本人の心理は，自信の低下を辿る。博報堂生活総合研究所［1992-2014］によると「自信がありますか?」という質問において，92年は「ある方だ」が62.1%に対して，2000年で52.5%となり，その後，現在まで42.1%と下がり続けている。

(ⅲ) 成功の理由－「社会に訴えかける争点」の重要性

このような世相的背景を読み込み，広告制作の表現を変えていった結果，CM放映前は80万枚（年間）だったフリースの売上は，広告放映後は10倍の850万枚（年間），2000年には2600万枚（年間）となっていった（柳井［2004］）。それまでの「安かろう，悪かろう」というイメージが払拭されたという（玉塚［2001］）。

当時のアシスタントディレクターは，このような成果から「バブルがはじけ，不景気が続く中で，みんなが暗い気持ちになっていた。そんな閉鎖的な社会状況でしたから，ユニクロの急成長振りと志の高いものづくりがみんなの目に鮮やかに映ったのだと思います」と分析する。またクリエイティブディレクターは「(自身が携わる前までは）社会に訴えかける焦点と彼らの価値を伝えられるコンテンポラリーな表現が欠けていた」と後に語っている（柳井ほか［2008］）。この2人の発言からも，新しい広告表現は，ユニクロのブランドの背景にある文化的文脈を強く意識しながら制作されていたことがわかる。

(ⅳ) 消費者からの声

消費者からは「それまでの洋服は，無駄にロゴがついて，いかにも着ていてブランドが露骨にわかってしまう。DCブランドはデザインそのものに癖があり，人と同じものを着ている感じがする。一方で，ユニクロはシンプルでいい」「(ユニクロによって）ファッションへの喜びのポイントがずれ始めている。着るものが自分を表現するものではなくなってきている。それは今の日本においては，オシャレというのは特殊なテンションのもとですることではなく，自然に服を着ていると誰でもオシャレに見える時代になっている」との声が聞こえた（大西［2000］）。

3.3.2　フェーズ1の神話市場の構造

このように，ユニクロはバブル崩壊後の日本の社会の世相を汲みとりながら，個性的な文化人を通じて「DCブランドに着られる時代ではなく，着る人自身がスタイルをつくる」という新しい服の価値観を製品，広告，そして情報発信の拠点・原宿を通じて訴求したことがわかる。その結果，ユニクロのブランド・イメージは上昇するだけではなく，「安かろう，悪かろう」というカテゴリー・イメージを払拭し，これまでのブランド・イメージを覆していったことがわかる。

このような変化を神話に準え，政治・経済・風俗の世相とユニクロのコミュニケーションを構造化すると**図表4－5**のようになる。

図表4－5　第1フェーズの神話市場の構造

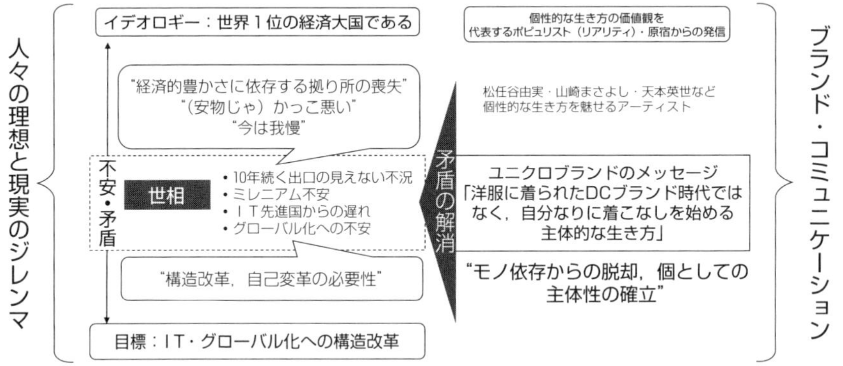

人々の理想と現実のジレンマ
イデオロギー：世界1位の経済大国である
"経済的豊かさに依存する拠り所の喪失"
"（安物じゃ）かっこ悪い"
"今は我慢"
不安・矛盾
世相
• 10年続く出口の見えない不況
• ミレニアム不安
• ＩＴ先進国からの遅れ
• グローバル化への不安
"構造改革，自己変革の必要性"
目標：IT・グローバル化への構造改革
矛盾の解消
個性的な生き方の価値観を代表するポピュリスト（リアリティ）・原宿からの発信
松任谷由実・山崎まさよし・天本英世など個性的な生き方を魅せるアーティスト
ユニクロブランドのメッセージ
「洋服に着られたDCブランド時代ではなく，自分なりに着こなしを始める主体的な生き方」
"モノ依存からの脱却，個としての主体性の確立"
ブランド・コミュニケーション

出所：筆者が概念図化。

これまで1955年頃から確立された戦後体制以降の「経済神話」「土地神話」「消費神話」が崩れ，日本の社会的な価値観は質的に大きく変化した。それでも"リベンジ"を狙い，日本経済の再浮上を願う人々の願望の一方で，新しい経済のルール，グローバル化やIT革命のなかで，構造的に社会変革を迫られる不安，過去の成功にすがりたくなるような葛藤・不安が人々にあった。「明日がある」と願う精神論をかざしながらも，何か変革しなければならないという今後の日本全体が歩むべき方向感を一人ひとりが少なからず見出せずにいたと推察される。その不安や葛藤の空気を読み取り，ユニクロブランドのメッセージは，経済発展という指標で右往左往するような即物的な価値観を捨て，モノの豊かさやDCブランドといった大木にすがる意識を脱し，日本人が個として主体的に生きる価値観へのパラダイムシフトを暗示され，そのメッセージを生活者が受容しユニクロを選択する合理性，その背景にある生き方に共感し始めたと捉えることができる。

3.3.3　フェーズ2：2006年以降－CI導入後のカルチュラル・ブランディング

CIを導入する2006年ファーストリテイリングは，グローバル戦略を積極化していた。2005年9月にトップを玉塚社長から柳井社長に戻し，英国を撤退，組織を整理した上で，ニューヨーク，パリ，上海などの一等地に大型の旗艦店をオープンさせ，インパクトのある店づくりとプロモーションによる情報発信を行っていく。

（i）政治・経済・風俗

2006年政府月例経済報告で4年10ヵ月連続の「いざなぎ超え」と判断されたが，都市と地方との格差，正社員と契約社員との格差が明確になりつつあった。さらには日本の貧困率が先進国で最も高くなり，かつての経済大国という誇りが完全に崩れ去った（中村・森［2012］）。「格差社会」「下流社会」[8]が2005年の流行語となり，長らく信じられてきた「一億総中流社会」が崩れ，「リストラ」「成果主義」「ミスマッチ」「非正規」「格差拡大」など重苦しい流行語ばかりが増えていった。毎日新聞［2015］では，「気づいたら真面目に働けば幸せな将来をつかむことができるという，働く人の普通の夢を全員で共有できない社会になっていた」と表現される。さらに2008年にはリーマンショックにより世界的な株下落へ突入する。

世相風俗観察会［2009］によると，日本の技術力は，「ガラパゴス化」と言う表現に変わり閉鎖的な日本が強調された。2007年は「偽装の年」と言われ「食の安全」も不安視される状況になった。電通景気年表によると，2006年安倍晋三の『美しい国へ』がベストセラーになる。太田光と中沢新一の『憲法九条を世界遺産に』（集英社新書）がベストセラーになり文部科学大臣賞を受賞している。藤原正彦の『国家の品格』（新潮新書）もベストセラーとなり，そこでは，自由，民主主義といった近代国家をけなし，英語よりも国語，民主主義よりも武士道精神が強調される。邦画の人気も高まり，第29回日本アカデミー賞で『ALWAYS三丁目の夕日』（山崎貴監督）が最優秀作品賞を受賞し『おくりびと』『母べえ』など日本の郷愁を誘うものがヒットした。また，これまで信じられてきた家族のあり方，人生設計のあり方も様変わりする。未婚率が高まる中，老後の不安を肯定的に捉えた，『おひとりさまの老後』がベストセラーになり，正社員以上に有能な派遣社員を描く『ハケンの品格』もヒット作となった（世相風俗観察会編［2009］）。このように「家族」「働き方」という根本的な生活基盤に価値観の変化が見られた。

(ⅱ) ユニクロのコミュニケーション

このような社会不安の中で，ユニクロは，グローバル戦略を積極化する。それをニューヨーク・ソーホーから始めて欧州とつなげ，アジア拠点へと展開した。海外に「日本のブランドである」ことを訴求し，店舗も「美意識ある超合理性」というコンセプトのもと，ユニクロが日本企業として効率的に製造販売することを表現した。また広告においても，ブログパーツUNIQLOCKが2008年にカンヌ国際広告賞を受賞し，ユニクロが目指す世界観を世界中に伝達した（柳井ほか［2008］）.

国内での広告表現で特徴的であったのは，製品であるフリースを全く登場させず，青空をバックにした富士山と「フリースの季節」という文字だけが踊る「日本の冬の代名詞としてのフリース」を印象づけるものを展開した。フリースに再び焦点を当てることで，ブレのないユニクロの原点回帰を意識している。同時に広告出稿料も大量に投下している。2006年のCMにはフランス人がフリースをきて，フランス語で“フリースの季節です”とナレーションが入り，“穏やかな気持ち.オリジナルに生きる.UNIQLO”と画面コピーの入るものも放映されている。グローバルへの広がりを暗に予見させるものとなっている。以降，外国人を起用したCMは増え続け，メディアで報道される同社のグローバル戦略の内実としっかりと重なっていった。そのような中でユニクロは，錦織圭選手のスポンサー企業としての露出を高めながら，東京オリンピックが開催される2020年には５兆円規模の世界No.1のアパレル企業になることを高く標榜し，話題になる。ここに世界No.１に挑む錦織選手とユニクロの目標を重ね合わせている。そして，人々は日本の国を重ねたと思われる。

CSR活動を中心とした広報活動も積極化していく[9]。2006年にははじめてCSR報告書が刊行され，アニュアルレポートコンテスト「ARCアワード」にて3年連続でゴールド賞を受賞。障がい者雇用に積極的でもある同社は2005年雇用率日本一に輝く。また「スペシャルオリンピックス日本」とも協働している。2006年から「ユニクロの全商品リサイクル活動」がスタートし国連難民高等弁務官事務所（UNHCR）とグローバルパートナーシップの締結を合意するまでに至る。2010年からグラミン銀行と合弁会社をつくりBOPに乗り出し世界に対しても積極的な社会支援体制を構築し，CSR活動を中心にグローバル化イメージを強化している。

3.3.4　フェーズ2の神話市場の構造

2006年以降のこのような世相とユニクロの事業活動とそのコミュニケーションをカルチュラル・ブランディングの枠組みで捉えていく（**図表4－6**）。

図表4－6　第2フェーズの神話市場の構造

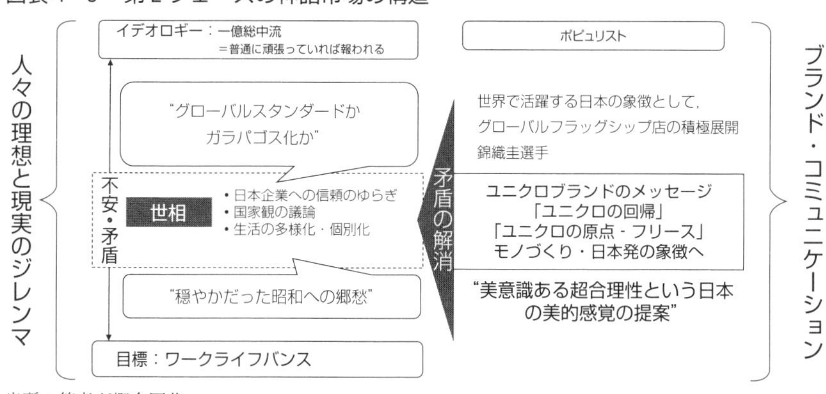

出所：筆者が概念図化。

ユニクロは，そんな内向きの日本全体の不安感に対して，日本の優れた価値観をさまざまな形で表現し，グローバルに挑む同社が，世界の話題をさらい，評価され，受け入れられていくことを目の当たりにすることで，日本人の喪失しつつある自信や，美意識や合理性に対する肯定感を強化していた可能性があると解釈できる。

2007年ごろより「ユニクロは国民服」[10]という表現がクチコミやメディアから発信されているが，その日本の文化の高いレベルとしての文脈をもつユニクロの存在感は，もはや，カジュアル衣料のアパレルメーカーではなく，日本を代表するブランドとなっていく。その後，日本は中国に名目GDPを追い越され，さらに中国漁船衝突事件が勃発する。2011年に福島第一原子力発電所の爆発事故により，日本の安全神話も崩壊していく。そのような日本の逆境の中で，ユニクロはグローバルブランドとして，世界での存在感を強めていくこととなる。

4　事例の構造

以上のように，ユニクロのブランド・イメージの変化には，ブランドの背景となる文化的文脈－国家的イデオロギーとそれぞれの人々の理想とのギャップ，葛藤に対して，その解消につながる意味を訴求したカルチュラル・ブランディングによる神話市場の構造が読み取れる。

「安かろう，悪かろう」の1999年以前のユニクロは，返品交換自由や価格，機能といった即物的な広告に留まっていたが，1999年からは，世相を読みながら，新しい洋服の価値観を訴求する広告へと変化した。そこでは，DCブランドに頼るのではなく，着る人自身がスタイルをつくる，という主体的なメッセージを発信していた。このメッセージは未曾有の不況の中で，未来に向けた積極的な生き方として生活者に受容された。

しかしその後，再び製品の魅力や価格訴求が中心となり，日本の時代や世相との接合が希薄化していき，ブランド・イメージは下降していくが，2006年からCIが導入され，再びブランド・イメージが上昇する。その背景にも，カルチュラル・ブランディングの構図が確認できた。2006年以降「一億総中流」「安全神話」というイデオロギーが失われ，これまで国際競争力の源泉であった技術力が「ガラパゴス化」と揶揄された。このような内向き世相に対して，ユニクロのブランド・コミュニケーションは，日本の美意識を詰め込んだユニクロの世界戦略として展開し，人々の不安や葛藤に対する一つの解を提示していた。このような施策の成果もあり，ユニクロは一カジュアル衣料ブランドから固有の哲学を帯びる日本を代表するイコンブランドへと進化したのだと思われる。

5　CCT研究としての貢献と限界

本研究は，ユニクロのブランド・イメージの変化のプロセスを通じて，従来のマネジリアルなブランド・マネジメントとカルチュラル・ブランディングは相反する概念ではなく，相互補完的な手法になることを特定した。またそこから，ブランドの意味を変えブランド価値を高めるためには，ブランドそのものの価値を磨くだけではなく，ブランドの背景文脈となる文化を取り込むことの有効性を，プロセス理論に準えながら示した。しかし限界もある。既存資料から諸相を取り出しその構造を解釈から理解したが，明示的かつ論理的な因果関係を厳密には，特定できていないという限界はつきまとう。

本研究の限界を理解していただいた上でカルチュラル・ブランディングという考え方や可能性をわずかながらでも感じられたなら幸いである。

本研究は，既存のオープン資料から導出した解釈的研究である。主張の妥当性と文責は著者にある。

<注>

1　本ケースは，本庄［2017］［2020a］［2020b］をとりまとめたものである。詳細は論文を参照のこと。
2　著者自身がHoltに直接確認。
3　マネジリアル（managerial perspective）とは，経営学の諸研究が当然視してきた観点であるが他の社会学などの分野では前提としない見方であり，トップマネジメントの観点に立ち，組織および組織人としての経済合理性の追求を専ら考慮する観点である（伊藤［1999］）。
4　平成17年度（2000年）を100%として，経年推移をグラフ化。なお1995年～1999年のデータは算出基準が異なるため，本データでは扱っていない。
5　本稿では，公開されている「日経企業イメージ調査について」よりデータを収集した。
　調査概要<一般個人調査>
　調査地域：首都圏　40km圏内
　抽出方法：エリアサンプリング性年代別割り当て法
　サンプル：9207ss（2000年）～3671ss（2014年）*各年事に異なる
　調査期間：2000年～2014年

調査法：質問紙留め置き法
調査実施：日経リサーチ
主要6項目（順序尺度）：
広告接触度/企業認知度/一流評価/好感度/株購入意向/就職意向
ブランド連想に関する21項目※本文内で記述した「国際性」が含まれる

6　3.2と3.3におけるファーストリテイリング社の事業活動は，同社のホームページの沿革とリリース，2000年度から2014年度のアニュアルレポートに基づいている。その他の引用文献の場合においてのみ文中に記載する。対象期間として2000年度からの創業30年にあたる2014年までの15年間としている。

7　現代風俗観察会［2009］「流行語大賞アーカイブ」http://singo.jiyu.co.jp/

8　電通総研（1945～現在）『電通景気年表』http://www.dentsu.co.jp/knowl-edge/ad_nenpyo.html

9　ファーストリテイリンググループ CSR活動の歩み
http://www.fastretailing.com/jp/csr/vision/award.html

10　「国民服と呼ばれるユニクロ」でGoogle検索をかけると，12,000件以上のヒットがあり,ブログやまとめサイトでの，ユニクロの枕言葉になっている（2016年1月現在）。

＜参考文献＞

Allen, C. T., Fournier, S., & Miller, F. ［2008］ Brands and Their Meaning Makers. *Handbook of Consumer Psychology*, 781-822.

Aaker, D. A. ［1991］ *Managing Brand Equity: Capitalizing on the Value of a Brand Name*. New York: Free Press.（陶山計介・中田善啓・尾崎久仁博・小林哲訳『ブランド・エクイティ戦略：競争優位をつくりだす名前，シンボル，スローガン』ダイヤモンド社，1994年）。

Arnould, E. J., & Thompson, C. J. ［2005］ Consumer Culture Theory (CCT): Twenty Years of Research. *Journal of Consumer Research*, 31(4), 868-882.

Barthes, R. ［1957］ *Mythologies*, les Editionsdu Seuil.（下澤和義訳『現代社会の神話』みすず書房，2005年）.

Baudrillard, J. ［1970］ *La Société de Consommation*, Planéte.（今村仁司・塚原史訳『消費社会の神話と構造』紀伊国屋書店, 1979年）.

Belk, R.W. ［1988］ Possessions and the Extended Self, *Journal of Consumer Research*, 15(2), pp.139-168.

Dichter, E. ［1960］ *The Strategy of Desire*. New Jersey: Transaction Publishers.

Farquhar, P. H., Han, J. Y., Herr, P. M., & Ijiri, Y. ［1992］ Strategies for Leveraging Master Brands. *Marketing Research*, 4(3), 32-43.

Gardner, B.B. & Levy, S.J. ［1955］ The Product and the Brand. *Harvard Business Review*, March-April, 33-39.

Geertz, C. ［1973］ *The Interpretation of Cultures* (Vol. 5019). New York: Basic books.（吉田禎吾・中牧弘允・柳川啓一・板橋 作美 訳『文化の解釈学 I』147-148頁，岩波書店，1987年）

Heding, T., Knudtzen, C. F., & Bjerre, M. ［2015］ *Brand Management: Research, Theory and Practice*. Routledge.

Hirschman, E. C., & Holbrook, M. B. [1982] Hedonic Consumption: Emerging Concepts, Methods and Propositions. *Journal of Marketing*, 46(3), 92-101.

Holt, D. B. [2002] Why Do Brands Cause Trouble? : A Dialectical Theory of Consumer Culture and Branding, *Journal of Consumer Research*, 29(1), pp.70-90.

Holt, D. B. [1997] Poststructuralist Lifestyle Analysis: Conceptualizing the Social Patterning of Consumption in Postmodernity. *Journal of Consumer Research*, 23(4), 326-350

Holt, D. B. [2003] What Becomes an Icon Most? *Harvard Business Review*, 81 (March), 43-49.

Holt, D. B. [2004] *How Brands Become Icons: The Principles of Cultural Branding*. Cambridge, MA: Harvard Business School Press.（斉藤裕一訳『ブランドが神話になる日』，ランダムハウス講談社，2005年）

Holt, D. B. [2017] Consumer Culture Strategy. In J. F. Sherry, & E. M. Fischer (Eds.). *Contemporary Consumer Culture Theory* (pp. 215-225). Oxford: Taylor & Francis.

Holt, D. B. & Cameron, D. [2010] *Cultural Strategy: Using Innovative Ideologies to Build Breakthrough Brands*. Oxford University Press.

Keller,K.L. [1993] Conceptualizing,Measuring,and Managing CustomerBased Brand Equity, *Journal of Marketing*, 57(January), pp.1-22.

Keller, K. L., & Lehmann, D. R. [2006] Brands and Branding: Research Findings and Future Priorities. *Marketing science*, 25(6), 740-759.

Leymore, V. [1975] *Hidden Myth: Structure and Symbolism in Advertising*. Heinnemann, London.

Lévi-Strauss, C. [1958] *Anthropologie Structural*. Paris: Plon.（荒川 幾男・生松敬三・川田順造・佐々木明・田島節夫 訳『構造人類学』みすず書房，1972年）

Maheswaran, D., Mackie, D. M., & Chaiken, S. [1992] Brand Name as a Huristic Cue: The Effects of Task Importance and Expectancy Confirmation on Consumer Judgment. *Journal of Consumer Psychology*, 1(4), 317-336

McAlexander, J. H., Schouten, J. W. & Koenig, H.F.[2002] Building Brand Community, *Journal of Marketing*, 38(66), pp.38-54.

McCracken, G. [1986] Culture and Consumption: A Theoretical Account of the Structure and Movement of the Cultural Meaning of Consumer Goods. *Journal of Consumer Research*, 13 (June).

Mohr, L. B. [1982] *Explaining Organizational Behavior*. San Francisco: Jossey-Bass.

Muniz, A. M., & O'guinn, T. C. [2001] Brand Community. *Journal of consumer research*, 27 (4), 412-432.

Packard, V., & Payne, R. [1957] *The Hidden Persuaders*. New York: D. McKay Company.

Scott, A. J., & Ellis, M. [2000] The Culture Economy of Paris*. *International Journal of Urban and Regional Research*, 24(3), 567-582.

伊藤博之［1999］「「プラクシス」としての戦略：戦略概念の社会文化的考察」『彦根論叢』317，41－56頁。

伊藤浩二［2000］「日本版“ジョブレスリカバリー”」『農林中金総合研究所レポート』農林中央金庫。

大西憲司［2000］「ユニクロに見るスーパーフラット・マーケティング“突撃!となりの生

活"」『広告』68-73頁。
世相風俗観察会編［2009］『現代世相風俗史年表』河出書房新社。
玉塚元一［2001］「ユニクロのマーケティングは経営戦略そのものです」『宣伝会議』February，20-23頁。
中村政則・森武麿［2012］『年表 昭和・平成史1926-2011』岩波書店。
日経広告研究所［2000-2014］『日経企業イメージ調査について』日経新聞社　日経広告研究所。
本庄加代子［2017］「ブランド価値の跳躍に関する一考察: カルチュラルブランディングの視点から」『現代経営経済研究』4(2)，21-50頁。
本庄加代子［2020］「ブランド研究におけるカルチュラルブランディングの意義の理解」『マーケティングジャーナル』39(4)，60-65頁。
本庄加代子［2020］「新しい「服」を創造するユニクロのブランド・イメージの変化とそのアイデンティティのマネジメントの考察」『マーケティングジャーナル』40(2)，94-103頁。
毎日新聞［2015］「戦後70年」（特集記事）http://mainichi.jp/feature/afterwar70/。
柳井正［2003］『一勝九負』新潮社，29-32，81-83，102-112，122-127頁。
柳井正・ジョン・C・ジェイ・タナカノリユキ・佐藤可士和［2008］『ユニクロのデザイン』誠文堂，新光社。
柳井正［2009a］『成功は一日で捨て去れ』新潮社. 161-162，176-178，188-192頁。
柳井正 監修［2009b］『ユニクロの思考術』新潮社. 16-26頁。
総務省統計局「家計調査年報（家計収支編）－家計調査年報（総世帯）－平成17年～28年」URL：http://www.stat.go.jp/data/kakei/npsf.htm内閣府（2023年5月1日最終閲覧日）
㈱電通［2000～2015］「電通広告景気年表」電通ナレッジデーターベースhttp://www.dentsu.co.jp/knowledge/ad_nenpyo.html　電通（2023年5月1日最終閲覧）
㈱博報堂生活総合研究所［1992－2014］「生活定点」http://seikatsusoken.jp/teiten/　博報堂。（2023年5月1日最終閲覧）
㈱ファーストリテイリング［2000―2014］アニュアルレポート．㈱ファーストリテイリング）。https://www.fastretailing.com/jp/ir/library/annual.html（2023年5月1日最終閲覧）
内閣府［1999］年次経済報告書https://www5.cao.go.jp/j-j/wp/wp-je99/wp-je99-000m1.html（2023年5月1日最終確認）

第5章

広告クリエイティブと炎上：資生堂INTEGRATE

1　ジェンダー表現と消費者の解釈戦略

1.1　繰り返されるジェンダー表現をめぐる炎上

2016年10月，資生堂は化粧品ブランドINTEGRATEのコマーシャルを中止した。ほぼ同時期に，電通新卒女性社員の過労死事件がメディアで大きく報道された。新卒女性社員は，「女子力がない」「君の残業時間の20時間は会社にとって無駄」など上司からセクシャルハラスメントやパワーハラスメントを受けていたという（『日本経済新聞』2018年１月26日朝刊）。わが国の女性労働者が置かれている現実とコマーシャルにおいて再生産されるジェンダー表現が重なり，資生堂INTEGRATEのコマーシャルは炎上する事態に発展した。

企業の広告が，ジェンダーにかかわる表現をめぐり相次いで炎上している。炎上とは，特定の対象に対してインターネット上で批判や抗議が殺到し，収拾がつかない状態を火災にたとえた表現である。ジェンダー表現をめぐる炎上はもはやよくある失敗の類型となっている（**図表５-１**）が，企業の対応はコマーシャルをただ取り下げ謝罪するにとどまっており，なぜ炎上が起きたのかその原因までは十分検討できていないように思われる。

広告の炎上は，マーケティング活動に直接的に関係するものであるにもかかわらず，長くマーケティング研究の対象として取り扱われてこなかった。近年ようやくマーケティング研究の領域でも炎上について取り上げられるようになった（増田・松井・津村［2020］）ものの，十分な蓄積があるとはいい難い。

図表5－1　ジェンダー表現をめぐる炎上の事例

ルミネ（2015）	主人公女性が，同僚の男性から「職場の花」ではないと外見について揶揄される。ハラスメントの容認だと批判された。
AGF（2015）	牛を擬人化。「卒牛式」で，乳牛の女子高校生へ「胸を張って」「濃い牛乳を出し続けて」と呼びかける場面が批判された。
資生堂INTEGRATE（2016）	主人公女性が，「今日からあんたは女の子じゃない」と言われる場面が問題に。年齢で女性を分ける描写などが批判された。
ユニ・チャーム（2017）	育児に奮闘する母親の日常を描いた。「ワンオペ育児」を礼賛し，助長するものであると批判された。
サントリー（2017）	男性が，出張先で出会った現地の女性と食事するシーンが描かれた。描写が過度に性的であると批判された。
キリンビバレッジ（2018）	午後の紅茶を飲む女性の典型例として，「仕切りたがり空回り女子」などパターン化した。女性軽視であると批判された。
ロフト（2019）	バレンタインデーのプロモーション。女性は表面上仲良くしていてもいがみ合うものだというステレオタイプが批判された。
アツギ（2020）	公式Twitterアカウントで，タイツを着用した女性の性的なイラストが紹介された。女性を客体視していると批判された。

出所：吉野［2021］，21頁を参考に筆者作成。

本章では，消費文化理論（CCT）とカルチュラル・ブランディングの枠組みを用いて，資生堂INTEGRATEのコマーシャルの解釈を試みながら，資生堂のブランド戦略に社会歴史的な転換についての理解が不足していた点を明らかにすることで炎上の理由を考察したい。

1.2　ジェンダー表現をめぐる炎上分析の視角

現代の世論は，静態的な規範ではなく，再帰的自己創出を行う動的な〈世論〉であると考えられる（遠藤［2016］，1頁）。Occupy Wall Street運動（米国／2011年9月），ひまわり学生運動（台湾／2014年3月），雨傘革命（香港／2014年9月）など，ソーシャルメディアは社会運動の基盤として用いられてきた。近年のジェンダー表現をめぐる炎上現象もまた，このような社会運動の文脈の中で考察されるべきであろう。

インターネット上では，サイバーカスケードが起こる危険性があるとサンスティーン（Sunstein, C.R.）は指摘した（サンスティーン［2018］，138頁）。サンスティーンによれば，インターネット上における情報収集では，同じ思考や主義をもつ者同士が繋がりやすいという。わが国においては，社会学の領域を中心に，このサイバーカスケード説を用いて荻上［2007］，山口［2015］，吉野［2016］などによって事例を取り上げる形で炎上分析が行われてきた。しかし，先述したようなアクティビズムの文脈でジェンダーに関する炎上分析を試みた業績は見当たらず，ジェンダー表現をめぐる炎上のメカニズムについてはこれまで十分に論じられてこなかった。

ソーシャルメディアは，現代におけるある種の討議の器として機能しており，インターネット上にはネットワーク公共圏（遠藤［2005］，8-10頁）が形成されるようになったと捉えることができる。これまで情報の送り手になりづらかった女性やその他マイノリティが，ソーシャルメディアを通じて発信するようになり（田中洋美［2018］，39頁），女性たちは意思の表明を以前より容易に行えるようになった。つまり，企業活動の領域と消費者の生活世界が相互浸透する公共圏（吉村［2004］，233頁）におけるコミュニケーションの1つの現れ方として，ジェンダーをめぐる炎上を位置づけることによって，炎上分析の新たな視角を獲得することができるのではないだろうか。

ブランドが，単に差別化の手段ではなく固有の意味世界を創造するものだと考える場合，コミュニケーションの場の議論は避けられない（石井［1999］，187頁；吉村［2004］，225頁）。この議論は，消費文化理論（CCT）の主たる4つの研究領域の内，「マスメディアによる市場イデオロギーと消費者の解釈戦略」にかかわっている。広告をはじめとするブランド戦略は，消費者のあるべきライフスタイルについての支配的なイデオロギーに基づいた表現をとることが多い。このような表現によって構成される物語が，ブランドと消費者のコミュニケーションの場に提供されるのである。物語は，消費者によって受容される場合もあれば，理解されない場合もある。そして時には，強い抵抗を受けることもあり得る。

企業による支配的なイデオロギーと消費者の解釈が交錯する場，それが先述した公共圏である。ブランドコミュニケーションの場において，消費者から拒絶され炎上が起きることもあれば，新たなブランド構築のアイディアが生まれてくることも考えられる。ジェンダー表現をめぐる炎上の多くも，広告の中に再現される支配的なジェンダー観をめぐる議論として位置づけることが可能だといえよう。

2　広告表現におけるジェンダー

2.1　男性支配の再生産構造

今回取り扱う資生堂の事例においては，伝統的なジェンダー表現が消費者の関心を集めていた。ここで，広告におけるジェンダー表現に関連するいくつかの議論を整理しておきたい。

ブルデュー（Bourdieu, P.）は，男性と女性の生物学的な身体の差異は，社会的に定義され，知覚され，実践されてきたとしている（ブルデュー［2017］，42頁）。神話や儀礼，作法などを通じて両性の身体イメージが構築され，その身体イメージが男性中心主義を正当化してきたのである。家庭や学校，教会，国家，メディアといった各種の制度が，両性の対比的な身体イメージの構築を下支えする（**図表5-2**）。広告もまた再生産装置の１つとして機能しており，女性は常に劣ったイメージを与えられ続けてきた。

ブルデューはまた知覚される存在としての女性についても言及している。女性の身体は，他者の視線とことばによる対象化に絶えずさらされている。女性は，男性支配の世界において他者の視線のために存在する。他者を受け入れ，惹きつけ，他者が自由に扱ってかまわない対象として存在するのである。女性が期待されているのは，女らしいこと，すなわち微笑みを浮かべ，感じがよく，人の意見に従い，控えめで，さらには目立たないことであるとされてきた（ブルデュー［2017］，99頁）。しかもブルデューによれば，このジェンダーの再生産構造は極めて強固であり，あらゆる制度が動員され男性支配が繰り返されるのである。いわゆる女らしさとは，しばしば男性側の期待への迎合の一形式にほかならず，資生堂INTEGRATEのコマーシャルにおいても，男性の期待へ迎合する形で化粧をする女性イメージが再生産されていると捉えられよう。

図表5-2　ジェンダーの再生産構造

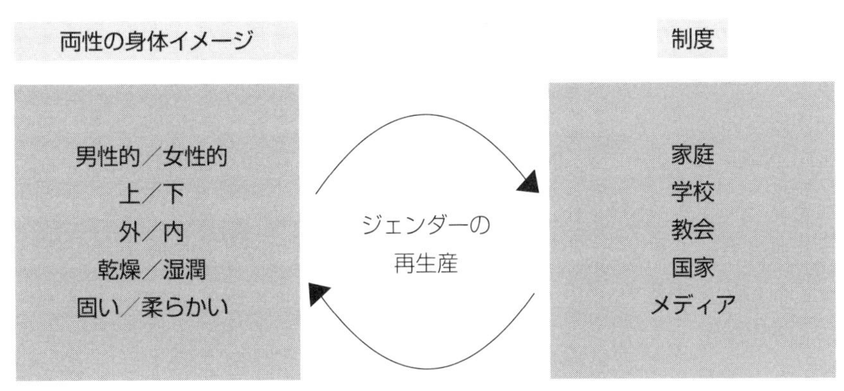

出所：ブルデュー［2017］を参考に筆者作成。

2.2　広告に表されるジェンダー

実際の広告における個々のシーンは，先に述べた社会におけるジェンダーの理念型を単純化して表現したものである。ゴフマン（Goffman, E.）は，ごく自然で当たり前だと思われてきた男女のしぐさや見た目は，社会的に構築されてきたものであるとしている（ゴフマン［1979］）。例えば，微笑む，頭を傾ける，手を繋ぐといった女性のポーズは，従属的であることを示す。このような広告における表現が，女性を下位へ振り分けているとゴフマンは指摘した。また，日常の行為の積み重ねによって，差別的な支配・従属関係が構築される点も指摘されており，これはジェンダーの再生産構造が現実に機能していることを示しているといえよう。

ゴフマンのスキルを用いて，わが国における広告表現を分析し，非言語的なメッセージの読み取りを行ったのは上野千鶴子である。分析対象は，1980年代における代表的グラフィック誌であった『アンアン』『ノンノ』『プレイボーイ』などに掲載された商業広告写真である。分析のためのチェック項目として，体を傾げる，微笑む，手を繋ぐといったポイントが挙げられている（上野［2009］，248-249頁）。これらの女性のしぐさ・動作は，ゴフマンに依拠すれば服従儀礼と読解できるという。

また，上野は，女性をターゲットにした商品の広告にさえ性的なアピールが多く用いられていることに注目している。「女性が女性を見るときには，男の色めがねをかけて見る」（上野［2009］，89頁）と述べ，女性たちが自分自身を常に男性の視線を介して評価してきたことを指摘した。上野は，ファッション誌の広告に登場する多くの女性が，体を傾けるポーズをとっていることに着目する。「モデルのポーズは，ビビッドに見えるよりは色っぽく見えるように意図されているからである」（上野［2009］，114頁）と論じ，広告表現における性的服従のメッセージについて言及している。

この他にも，広告とジェンダーにかかわる業績として，ジェントリーとハリソンによる広告における男性および父親の役割について調査した業績（J. Gentry & B. Harrison［2010］）や張による資生堂のテレビコマーシャルの日本版と中国版の比較から社会的・文化的背景との関連性を考察した業績（張［2011］）などがある。

消費文化理論（CCT）の先行研究においても，広告とジェンダーにかかわる分析がみられる。リープルなどは，ゴフマンのスキルを利用して育児雑誌の広告の分析を行い，現代のマーケティング実践におけるジェンダーの役割や描写の中に隠された不平等を明らかにしている（Rieple, A. et al.［2017］）。

3　ブランド戦略と物語

3.1　エモーショナル・ブランディングと物語

ゴーベ（Gobe, M.）は，エモーショナル・ブランディングでは，ブランドコミュニケーションに感情的な要素を組み入れることで消費者の心を掴むという。体験を重視し，感情的な要素に訴えることによって，「顧客との間に必要性を超えたレベルの結び付き」（ゴーベ［2002］，32頁）が構築されるのである。人々は常に自分たちの気持ちを理解してくれるブランドとの交流を求める。エモーショナル・ブランディングの成功例として，ヴィクトリアズ・シークレットの事例が紹介されている。ファッションショー，そしてスーパーボウルにおけるテレビコマーシャルといった熱狂する体験を提供することで，顧客との結び付きを作ったのである。

エモーショナル・ブランディングのようなブランディング・モデルでは，ブランド構築のために度々物語が利用されてきた。現在，広告コミュニケーションの中核を「物語広告」（妹尾［2015］，47頁）が担うようになっており，広告賞を受賞するコマーシャルの多くが物語を利用したものである。マーケティングの現場では，エモーショナル・ブランディングやそれを強化するための物語の導入が増えているといえよう。

しかしながら，エモーショナル・ブランディングのモデルや物語を用いたエモーショナルな表現の利用は，ブランド価値向上の理由を説明するものではあるが，強力なブランドが構築され維持される理由の説明にはなっていない。これらで重視されているのは，製品の機能的ベネフィットや感情的ベネフィットなどであり，ブランドが文化をつくり出す側面は見落とされてきた。

3.2　カルチュラル・ブランディングと物語

本章の枠組みであるホルト（Holt, D. B.）のカルチュラル・ブランディングは，社会歴史的な転換をブランド戦略に取り入れるものである（ホルト［2005］，吉村［2013］，本庄［2017］）。カルチュラル・ブランディングにおいては，ブランド・アイデンティティは製品それ自体から生み出されるわけではなく，国家のイデオロギーを読み解くことで獲得できると考える。その理由は，国家に影響を及ぼすような歴史的変化によって，国民のアイデンティティが形成されるためである。強力なブランドは，国民の不安を和らげる物語を提供し，ブランドが社会や国家を象徴する存在となることで構築される（ホルト［2005］，26頁）。

イコン的ブランドが強大なアイデンティティ価値をもたらす理由は，国民の集団的な不安と願望を衝くためである。イコン的ブランドのつくり出すアイデンティティの神話は，その国の文化の大きなほころびを縫い合わせる役割を果たす（ホルト［2005］，28頁）。人々は日常生活でのほころびを個人的な不安として経験しており，そうした不安を和らげるのがブランドのアイデンティティの神話の役割である。

1980年代，米国バドワイザーは，ウォール街フロンティアのイデオロギーにおける職人的な職業世界をコマーシャルによって示した。当時のアメリカは，自動車の輸入が盛んになり，製造業の雇用が失われ始めた頃であった。米国の労働者たちは，どれほど努力しても自動車工場など製造業の仕事には戻れないという現実に直面していた。それにもかかわらず，バドワイザーの広告コミュニケーションは，変わらず自分の腕に頼る職人の物語を発信し続け，消費者は次第にバドワイザーから離れることになる。失敗に気づいたバドワイザーは，新しい神話をつくり出した（**図表5－3**）。フリーエージェント・フロンティアのイデオロギーにおける「男は，親しい仲間との間で友情と尊敬を得ることが

図表5－3　バドワイザーの神話再構築と文化的・政治的権威

職人神話（1981～1990年）		スラッカー神話（1987～2001年）
米国のイデオロギー ウォール街フロンティア		米国のイデオロギー フリーエージェント・フロンティア
矛盾 消費者は「行動する男」になりたいが，雇用はサービス業にシフトした。	混乱 →	矛盾 もう仕事では男らしさを得られない。
バドワイザーの神話 働く男たちは，自分の腕を頼りに生きる職人，本物の「行動する男」であり，その力が米国の経済を蘇らせる。		バドワイザーの神話 男は，親しい仲間との間で友情と尊敬を得ることができる。仕事の世界に頼る必要はない。
ポピュリスト世界 職人的な職業世界		ポピュリスト世界 人種的エンクレーブ

文化的権威	バドワイザーは日常生活で尊敬と友情を分かち合う男たちの物語を伝える。
政治的権威	バドワイザーはノンエリートの労働者たちの男らしさの理念を擁護する。

出所：ホルト［2005］，203頁を参考に筆者作成。

できる」という神話である。有色人種をコマーシャルに起用し始め，それまでのブルーカラー白人労働者に加え，都市に住む黒人労働者たちをブランドのターゲットに設定した。広告会社を変更して臨んだブランドの方向転換が，上手く結実したのである。テレビコマーシャル「ワッツアップ」シリーズが大ヒットし，バドワイザーの売上が回復したことはよく知られている。

バドワイザーは，どの時代においても一貫してブルーカラー労働者の味方であり続け，男たちの友情へ敬意を払い続けている（図表5－3最下部）。彼らへ向けた物語を紡ぎ，中心的顧客の抱く不安に対応して，働く男たちの職人神話から親しい仲間たちの関係性に着目する新たな神話を構築することで，強力なブランドを取り戻した事例になっている。時代の転換に合わせてブランド戦略を変化させたことで，バドワイザーは消費者との間に絆をつくることができたのである。

消費者の感情に訴求する戦略が効果を発揮した時，エモーショナルな手法の成果であると判断されてしまう。しかし，それだけではなぜ強固なブランド・アイデンティティをつくり上げていたブランドが見放されることになるのか，そして強力なブランド・アイデンティティの回復のためには何が必要なのかは明らかにはならない（ホルト［2005］，74頁）。バドワイザーの事例が教えているのは，強力なブランド・アイデンティティを生み出すのは，エモーショナルな手法や単なる物語の導入ではなく，ブランドがいかに社会歴史的転換に対応する存在であるかということである。

4　資生堂INTEGRATEの事例分析

4.1　物語導入以前　2015年版の解読

2005年，資生堂は，INTEGRATEとMAQuillAGEの2つに力点を置くようメーキャップブランドの数を絞り込んだ。INTEGRATEは，資生堂の中心的なブランドの1つであるといえる。2,000円以下の低価格帯に照準を合わせ，20～30代の若年女性をターゲットとしている。ドラッグストア，GMS，化粧品専門店など約17,000店に加えて，コンビニエンスストア，資生堂の公式ウェブサイトといったさまざまなチャネルで販売している（2023年３月時点）。

ここでは，コマーシャルにおける映像と音声を解読した先行研究（妹尾［2015］，張［2011］）を参考にして，資生堂INTEGRATEのコマーシャルの解読を試みることにしたい。

2015年の「ラブリーなふたりの罠」篇は，エモーショナルな要素は重視されているが，広告表現における物語は用いられていない。目を大きく見せるという製品の便益をアピールするなど，製品そのものの便益に依拠した伝統的なブランド戦略に沿った表現が行われていることがわかる。また，肌を大きく露出させた女性２人の全身が最後に映し出され，花びらが舞い散るなどの演出がされていることから，強く視覚に訴えかけるエモーショナルな手法が合わせて使われていると読み取れる。資生堂INTEGRATEの製品には，好ましいと感じている相手に自分を「ラブリー」に見せる機能があることを示している。

さらに，唇を尖らせる，口元に手を遣る，上目遣いで覗き込む，頬を膨らます，カメラに向かってキスをする，胸元を隠して笑うといったしぐさや動作を確認することができる。これらは，ゴフマンや上野が指摘したように広告表現において伝統的に女性らしいとされてきたものである。

以上のように，2015年のコマーシャルでは，エモーショナルな手法は用いられているものの物語の導入は見られない。また，伝統的なジェンダー表現がなされているものの，問題になることはなかった。

4.2　物語導入以降　2016年版の解読

2016年より，資生堂INTEGRATEのコマーシャルに物語が利用されるようになる。モデルの小松菜奈，森星，夏帆が起用され，女性たちの物語が展開された。登場人物には，キャラクター設定が存在している。登場人物の３人は，25歳の働く女性たちであり，出版社の広報担当，インテリアデザイン会社のアシスタント，セレクトショップの販売員という設定であった。コマーシャルは，「女性と女子のあいだで揺れ動く３人が，それぞれの“大人のかわいらしさ”を見つけていく物語」とコマーシャル公開当時の公式ウェブサイトで紹介されていた。

4.2.1 「生き方が，これからの顔になる」篇

「生き方が，これからの顔になる」篇は，飲食店が舞台である。主人公ナナの誕生日を友人たちが祝うストーリーが展開されている。ここではじめて，資生堂INTEGRATEのコマーシャルに物語が導入されている。近年の働く若い女性の言動がよく研究されており，一定のリアリティがあると考えられる。

コマーシャルの台詞を読解すると，ナナが25歳の誕生日を迎えたことをナナ本人も友人たちもネガティブに受け止めていることがわかる。友人は，ナナを指差して「今日からあんたは女の子じゃない」という。「もうチヤホヤされないし褒めてもくれない」という台詞が続き，25歳の誕生日を素直には喜べないらしい女性たちの姿を描いている。

また，頬杖をつく描写や体を傾ける描写が多く出てくる。さらに，登場人物同士手を取り合い，手を握る描写も多い。これらは，伝統的に広告で描かれてきた女性らしいしぐさや動作である。

このコマーシャルは，人気のモデルを起用しキャラクター設定をした上で，働く女性たちの物語を描いている。表現されている女性らしさや可愛らしさから，やはり従来のジェンダー観に立脚したつくりになっていることが読み取れる。

4.2.2 「『がんばってる』を顔に出さない。」篇

問題は，この物語の導入が成功しているかどうかにある。カルチュラル・ブランディングの原理においては，優れたブランドは時代の転換を読み解くことで，人々が抱えている不安を除去すると考えられている。そのような意味で，「『がんばってる』を顔に出さない。」篇は，よりリアルなオフィスを再現しながら物語を表現しようと試みているがゆえに慎重な読み込みを必要とするであろう。

コマーシャルは，ナナがサンドイッチを片手に食事をとりながら険しい顔でパソコンの画面を見つめている場面から始まる。ナナは，インテリアデザイン会社のアシスタントという設定である。シーンとキャラクター設定を合わせて確認すると，ゆっくり昼食をとる暇がないほどナナが多忙であることが読み取れる。ナナの様子を見て，上司と思われる同僚男性が「今日もがんばってるね

え」「それが顔に出ている内はプロじゃない」という。次に，場面は友人同士の飲食店での会話へ移り，ナナが同僚男性の発言を友人たちに紹介すると女性2名は納得した様子を見せる。最後に，場面は再度職場へ移り，男性が資生堂INTEGRATEの製品を使用したナナを見て振り返る場面が描かれる。コマーシャルの終わりに，ナナは同僚男性の視線を獲得して満足そうに笑う（**図表5-4**）。

図表5-4　表現要素の構成シート

資生堂INTEGRATE［2016］「『がんばってる。』を顔に出さない」篇

	映像	音声
1	（1秒）　オフィスの様子。眼鏡姿のナナが，サンドイッチ片手に，険しい顔でディスプレイを見る。	ナレーション：インテグレート。
2	（2秒）　ナナが男性の方を向く。	男性：今日もがんばってるねえ。
3	（3秒）　オフィスの奥で仕事をする男性。男性が，タイピングをしながらナナへ話しかける。	［キーボードのタイピング音］
4	（4秒）　会釈するナナ。ナナは左手にサンドイッチを持ち，右手を口元へ添えている。	ナナ：いえ，ありがとうございます。［電話の着信音］
5	（6秒）　男性が右肘をついたまま，ナナの方をペンで指し示す。	男性：それが顔に出ている内はプロじゃない。
6	（7秒）　場面転換。飲食店の様子。ナナは男性を真似して，女性の友人たちの方をフォークで指す。	ナナ：ない。（男性の真似をして）［♩　軽快な音楽～］
7	（8秒）　ナナの話に聞き入る女性の友人2名。	
8	（9秒）　天を仰ぐような大げさなしぐさをする女性の友人2名。納得した表情をする。	女性の友人2名：なるほど。
9	（11秒）　［字幕］「がんばってる。」を顔に出さない。	ナナ：いい女なろう。
10	（12秒）　ファンデーションを使用するナナ。眼鏡を外している。	ナレーション：肌に大人の抜け感。
11	（13秒）　ファンデーションの赤いケースとケースに添えられる女性の手。	ナレーション：プロフィニッシュファンデ。

12	（15秒）　場面転換。オフィスの様子。男性が，メイクしたナナを見て振り返る。ナナは得意げに笑う。	[♩　～軽快な音楽]

注：　秒数は，コマーシャル開始時点からカウントした。
出所：筆者作成。

本作は，「生き方が，これからの顔になる」篇と同じ2016年に公開された。リアリティーを追求した上で，物語が導入されている。職場が舞台になっており，「生き方」篇よりもさらに現実的なつくりになっている。伝統的なジェンダー表現が見られる点は，「生き方」篇と同様である。現実のオフィスのあり方をリアルに再現した上で，エモーショナルな手法を用いて消費者の感情を揺さぶる。一見すると綿密な調査に基づいた高度な消費文化の解釈によって生み出された戦略は，成功したかのように思われたが，コマーシャルは中止に追い込まれた。

5　カルチュラル・ブランディングの不在

5.1　時代の転換とジェンダー

ここでは，わが国の社会経済的な変化を確認し，資生堂INTEGRATEのブランド戦略にカルチュラル・ブランディングの考え方が欠如していたことを明らかにする。化粧品の主たる顧客である女性に焦点を当て，国家的イデオロギーの転換といくつかの社会経済的な指標を確認しておきたい。

2012年，政府の女性活躍推進政策が打ち出される。その背景には，少子高齢化に伴う労働力不足の加速と多様な人材活用による経済活動の促進を望む財界からの要請などがあった。国家によって示された女性活躍推進というイデオロギーは，1つの時代の転換点を示しているといえよう。

しかし，長期的な視点で男女雇用機会均等法以降の30年間の数値の推移やその内実にスポットを当てると，この国家的イデオロギーの転換が女性に安心を与えているとはいい難い現実が見えてくる。まず，1985年の男女雇用機会均等法制定以降の男女別の就業率と管理職に占める女性の比率の推移を確認したい。1999年には男女共同参画社会基本法が制定されているが，30年間の女性の就業率の伸びは12ポイント弱にとどまる。より深刻なのは，管理職に登用されている女性の割合であり，コマーシャル公開の直前である2015年時点でわずか8.7%，2020年時点でも13.3%となっている（**図表５－５**）。

図表５－５　男女別の就業率と管理職に占める女性の割合

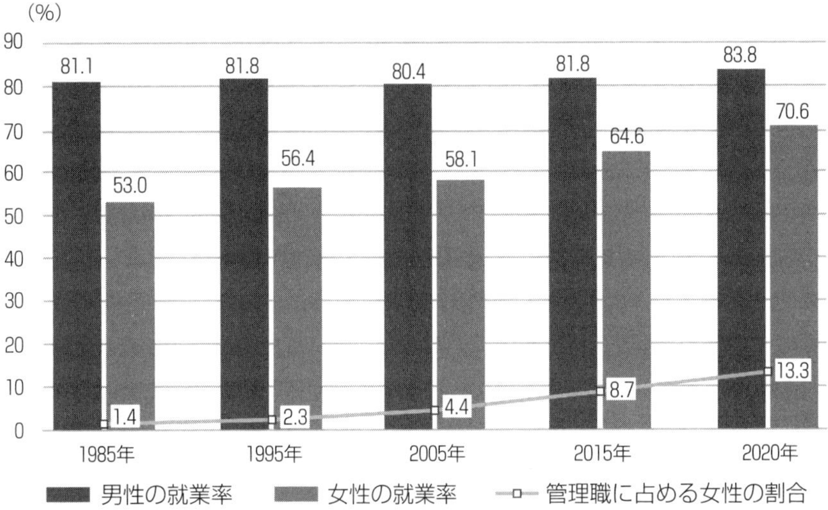

出所：厚生労働省および総務省統計局長期時系データより筆者作成。

給与の格差も明らかであり，2021年の国税庁の調査によれば，男女間で年収の差が約243万円となっている。状況の深刻さは，家庭内労働をめぐる国際的な比較をみるとより明らかになる。OECD（2018）の調査によれば，１日の内に行う無償労働の時間は，女性が272分であるのに対して男性は41分となっている。「日本では企業による人材活用のしくみや労働法制，税制などでも性に中立を装いながら男女での役割分担を考えて設計されている」（大西［2017］，70頁）という指摘もあり，多くのデータは女性たちが安心して働ける状況にはないことを如実に示している。

2012年，労働力不足の解消，多様な人材活用，消費者としての女性への期待などを背景にしながら，国家的イデオロギーは女性活躍社会を標榜するようになった。しかしながら，働く女性たちは新たな国家的イデオロギーの下で不安な状態に置かれている。カルチュラル・ブランディングは，社会歴史的な転換点において，人々の不安を除去し共感を得られるようなメッセージを発することで強力なブランド・アイデンティティを獲得できるとしている。資生堂INTEGRATEのコマーシャル表現には，このようなカルチュラル・ブランディングの視点を見出すことは困難であると考える。

5.2　テレビコマーシャルとカルチュラル・ブランディングの視点

資生堂INTEGRATEは，2016年のコマーシャルを制作する前にグループインタビューを実施している（『日経速報ニュースアーカイブ』2016年８月23日）。コマーシャルは，このような消費者調査から得られたターゲットの声を反映することで現実を表現しており，リアリティを有していたと思われる。しかし，物語の構築に際して慎重さを欠いたのではないだろうか。

カルチュラル・ブランディングの原理では，国民の集団的な不安と願望を衝くことで強力なブランドが構築される。人々が日常生活において個人的な不安として経験している国家のほころびを縫い合わせ，不安を和らげるのがアイデンティティの神話の役割である。

しかし，資生堂INTEGRATEは，主たる顧客である女性の不安を和らげることができず，むしろ不安を助長してしまったとさえいえよう。結果的には，伝統的なジェンダー観を当然とし，そこから決して逸脱しない物語をコマーシャルの中で描き出すことになっているからである。多くの女性が管理職に就くことも難しく，男性よりも少ない収入で生活している。さらには，家事・育児・介護に関して女性の方に大きく負荷がかかっているにもかかわらず，ターゲットである若年女性の不安を取り除こうとする姿勢が欠如していた。カルチュラル・ブランディングの視点がなかったのである。他方で，現実のオフィスの描写などをリアルなものにすることに成功しているために，その現実の苦しさを解消することの難しさがより際立つ結果を招いた。まさにブルデューのいうジェンダーの再生産装置として広告が機能しているのである。

女性活躍社会を標榜するようになった現代日本において，不安な状態にある女性たちの不安を和らげるどころかそれを増長させた。この失敗は，カルチュラル・ブランディングの視点がないために起きたと考えられる。

2017年，英国において，女性のジェンダーをステレオタイプ的に広告で表現することを禁止する条例が策定された。国際社会では，ジェンダーギャップを埋めようという大きな流れが生じている。日本はジェンダーギャップ指数のランキングで125位に位置しており，ジェンダー観に関して世界の水準に大きく遅れを取っている（The Global Gender Gap Report 2023）。社会の変容の速度に，企業のブランド戦略や広告表現が追いついていない状態にある。

炎上後，資生堂INTEGRATEのコマーシャルから物語は除去された。炎上を受け，シンプルなエモーショナル・ブランディングへ回帰したのである。物語を広告に導入したものの，社会歴史的な転換に上手く対応することができず，炎上という形で消費者からの反発を招いた。結果的には，社長が事態の説明を求められることになり（『日経流通新聞』2017年1月9日），コマーシャルの方向性も変更せざるを得なくなったのである。

現在，資生堂の公式ホームページでは，ジェンダーギャップの解消に取り組む会社の姿勢が表明され，2023年には，注目すべき取り組みが開始されている。新たに多様な人材の活躍と企業成長の関係を研究するD&Iラボを発足しているのである（『資生堂プレスリリース』2023年2月6日）。研究で得られた知見を公表し，ダイバーシティ&インクルージョンの実現による日本経済の成長促進を目指すとしている。

6　インプリケーション

本章で明らかになったことは以下の4点である。これらは，近年の多くのブランド・アイデンティティをめぐる議論にとってインプリケーションを与えるのと同時に，ブランド戦略とりわけコマーシャルの実践にとっても有益な視点を提供するであろう。

第1に，ジェンダー表現をめぐる炎上は，広告の中で描き出される支配的なジェンダー観をめぐる抵抗として位置づけられることを明らかにした。この議論は，消費文化理論（CCT）の主たる4つの研究領域の内，「マスメディアによる市場イデオロギーと消費者の解釈戦略」にかかわっている。企業活動領域と消費者の生活世界が相互浸透する公共圏におけるコミュニケーションとして，ジェンダーをめぐる炎上を位置づけることで，炎上分析の新たな視角を獲得することができるであろう。

近年の資生堂による，ジェンダー問題に対する積極的な姿勢の表明やダイバーシティ＆インクルージョンを標榜する研究所の設立は，このような企業と消費者との間のコミュニケーションの１つの成果と考えることもできよう。

第２に，強固なブランド・アイデンティティは，機能的便益やその延長線上にあるエモーショナルに訴える戦略によっては十分に確立できず，特に時代の転換期においては社会歴史的な転換をブランド戦略の中心に位置づけるカルチュラル・ブランディングの視点が不可欠であることが明らかになった。

資生堂INTEGRATEは，広告に物語を利用することでより強く消費者の感情に訴えかけようとした。しかし，社会歴史的な転換への対応が十分ではなく，描くべき物語の内容，つまり消費者の不安を除去するには何を語るべきかを見誤り，コマーシャルは炎上し，放映を取り止めることになり，コマーシャルの方向性の変更に追い込まれてしまった。

第３に，広告におけるジェンダー表現は，社会歴史的な変化に合わせて変更される必要があることが明らかになった。もっともブルデューなどが論じている通り，ジェンダーの再生産構造は強固であり，広告そのものが再生産構造の装置として機能しているのである。とはいえ，今回の事例に見られるように，女性の働き方やライフスタイルにおける転換を理解せず，かつてのジェンダー観を再生産するだけのメッセージを発信すれば，女性からのより強い反発を招くことに繋がるであろう。

第４に，ブランドの広告表現における失敗事例を分析するために，カルチュラル・ブランディングの枠組みを用いることができることを明らかにした。カルチュラル・ブランディングをめぐる先行研究においては，主として成功事例が取り扱われてきた。今回，失敗の事例を取り扱うことで，ブランド戦略における広告表現に欠けているものを明らかにした。カルチュラル・ブランディングについての研究の可能性を示すことになったのではないかと思う。

時代の転換期においては，社会歴史的な転換をブランド戦略の中心に位置づけるカルチュラル・ブランディングの視点が不可欠である。また，広告におけるジェンダー表現は，社会歴史的な変化に合わせて変更される必要がある。

企業の広告担当者やブランド管理者は，消費者が置かれている社会歴史的な状況に視点を定め，ブランド戦略における物語の設定をいかになすべきかを知る必要があるというのが，カルチュラル・ブランディングの考え方である。カルチュラル・ブランディングの枠組みは，近年の物語を重視するブランド戦略とそのために投入される広告表現を考察する際に，貴重な視点を提供しているといってよい。

<参考文献>

Arnould, E. & Thompson, C, J. [2007] Consumer Culture Theory (and We Really Mean Theoretics): Dilemmas and Opportunities Posed by an Academic Branding Strategy. *Research in Consumer Behavior*, 11, 3-22.

Bourdieu, P. [1999] *La Domination Masculine*. WILEY.（坂本さやか・坂本浩也訳『男性支』藤原書店，2017年）。

Gentry, J. & Harrison, R. [2010] Is Advertising a Barrier to Male Movement Toward Gender Change? *Marketing Theory*, 10(1), 74-96.

Gobe, M. [2001] *Emotional Branding: The New Paradigm for Connecting Brands to People*. Allworth Press.（福山健一監訳『エモーショナル・ブランディング　こころに響くブランド戦略』宣伝会議，2002年）。

Goffman, E. [1979] *Gender Advertisements*. Palgrave.

Holt, D. B. [2004] *How Brands Become Icons*. Harvard Business School Press.（斉藤裕一訳『ブランドが神話になる日』ランダムハウス講談社，2005年）。

Rieple, A., Baghdasaryan, L,, Bettany, S. & West, R. [2017] Reproduction of Gender Ideology Through Russian Consumer Culture: The Case of Iconography of the 'Mother' In Russia. *Marketing at the Confluence between Entertainment and Analytics: Proceedings of the 2016 Academy of Marketing Science (AMS) World Marketing Congress*, 141-146. Springer.

Sunstein, C. R. [2018] *#Republic: Divided Democracy in the Age of Social Media*. Princeton Univ Pr.（伊達尚美訳『#リパブリック　インターネットは民主主義になにをもたらすのか』勁草書房，2018年）

石井淳蔵［1999］『ブランド　価値の創造』岩波書店。

上野千鶴子［2009］『セクシィ・ギャルの大研究　女の読み方・読まれ方・読ませ方』岩波書店。

遠藤薫［2005］「ネット・メディアと〈公共圏〉」『日本社会情報学会学会誌』第17号，5-12頁。

遠藤薫［2016］「間メディア民主主義と〈世論〉 2016年都知事選をめぐるスキャンダル・ポリティクス」『社会情報学』第5巻第1号，1-17頁。

大西玲子［2017］「雇用労働者　『働き方改革』と女性労働者」『女性白書2017』66-72頁。

荻上チキ［2007］『ウェブ炎上　ネット群衆の暴走と可能性』筑摩書房。

妹尾俊之［2015］「ACCグランプリ企画に見るテレビCMスタイルの潮流　デモンストレーション，スライス・オブ・ライフ，ドラマ型，そして物語広告へ」『商経学叢』第61巻第

3号，53-101頁。
瀬地山角［2020］『炎上CMでよみとくジェンダー論』光文社。
田中晃子［2018］「ブランド戦略におけるジェンダー　カルチュラル・ブランディングの視点による事例分析」『流通』第43号，63-75頁。
田中洋美［2018］「ジェンダーとメディア研究の再構築に向けて」『国際ジェンダー学会誌』第16巻，34-46頁。
張文婷［2011］「化粧品コマーシャルの日中比較　資生堂企業コマーシャルの映像論的・言語論的側面からの考察」『現代社会文化研究』50号，1-16頁。
林香里・田中東子編［2023］『ジェンダーで学ぶメディア論』世界思想社。
本庄加代子［2017］「ブランド価値の跳躍に関する一考察　カルチュラルブランディングの視点から」『現代経営経済研究』第4巻第2号，21-50頁。
増田明子・松井剛・津村将章［2020］「消費者が語るナラティブのダイナミクス　インターネット上での『炎上』に関する解釈分析」『JSMDレビュー』第4巻第1号，25-32頁。
山口真一［2015］「実証分析による炎上の実態と炎上加担者属性の検証」『情報通信学会誌』第33巻第2号，53-65頁。
山口真一［2018］『炎上とクチコミの経済学』朝日新聞出版。
吉野ヒロ子［2016］「国内における『炎上』現象の展開と現状　意識調査結果を中心に」『広報研究』第20号，66-83頁。
吉野ヒロ子［2021］『炎上する社会　企業広報，SNS公式アカウント運営者が知っておきたいネットリンチの構造』弘文堂。
吉村純一［2004］『マーケティングと生活世界』ミネルヴァ書房。
吉村純一［2013］「現代マーケティングにおけるカルチュラル・ブランディングの位置　ブランド戦略における歴史性をめぐって」『流通』第33号，53-68頁。
OECD［2018］Balancing paid work, unpaid work and leisure. https://www.oecd.org/gender/balancing-paid-work-unpaid-work-and-leisure.htm（最終閲覧日2023年6月2日）
厚生労働省『厚生労働白書　資料編』https://www.mhlw.go.jp/toukei_hakusho/hakusho/index.html（最終閲覧日2023年6月2日）
総務省統計局『労働力調査』https://www.stat.go.jp/data/roudou/index.html （最終閲覧日2023年6月2日）
資生堂「ニュースリリース」
https://corp.shiseido.com/jp/news/detail.html?sdt=1685800966629（最終閲覧日2023年6月2日）

第6章

消費文化としての「処分」：メルカリ

1　「処分」の多様化

消費研究の多くは，「機能・目的を実現するもの」だけではなく「文化的要素をもつもの」として，消費を捉え直してきた（間々田［2016］，163頁）。マーケティング研究も，行為自体に意義がある文化現象として，消費を捉えるようになり，「マーケティング・プロセスの終着地点としての消費ではなく，世界に働きかける積極的な意義をもつ消費概念」（石井［2004］，235頁）が生まれた。こうして，マーケティングやブランドの研究においては，消費が世界ないし社会とどのような関係にあるのかを明らかにすることが，理論課題となった。

ただし，ここで重視されたのは，消費者行動における「購入」と「使用」の段階であり，「処分」という行為と社会の関係については，あまり注目されてこなかったと思われる。消費者行動とは，モノを購入して，使用して，処分する一連のプロセスを指すが，このプロセスの終着地点が処分なのであり，処分することに積極的な意義があるとは受け止められてこなかったのではないだろうか。

しかし，近年は処分という行為に注目が寄せられるようになっている。リユース市場が拡大し，処分するときの選択肢が増えたからである。リユース（モノの再利用）には，古くよりリサイクルショップ，古着屋，蚤の市（フリーマーケット）等が存在する。そこにインターネットの登場によってネットオークションが加わり，近年はフリマアプリによって誰でも容易にモノを売ることができるようになった。

なかでも2012年頃から登場したフリマアプリは，市場規模が急激に膨らんでいる。「電子商取引に関する市場調査」（令和2年度）によると，2020年度のCtoC-ECの推定市場規模は1兆9,586億円（前年比12.5％増）となり，この拡大には主にフリマアプリ市場の成長が貢献したと報告されている。

また，フリマアプリでの販売理由を見てみると，「捨てるのがもったいないから」「お小遣い稼ぎのため」「家の片づけをしたいから」「誰かに貰ってほしいから」「社会貢献的，環境保護的な意識で」など多様な理由が示されており，処分という行為にも多様な動機があることがうかがえる（「電子商取引に関する市場調査」（平成28年度））。

このようなフリマアプリは，モノや資産，資源の有効活用によって新たな経済活動が誕生し，産業全体の活性化や新たな経済活動を生み出すシェアリングエコノミーとして期待されている（「電子商取引に関する市場調査」（平成29年度））。しかし，本章が注目したいのは，消費者のアイデンティティ形成，あるいは消費者のライフスタイルにおいて，フリマアプリが利用されているのではないか，ということである。特に近年注目されている「ミニマリスト」と呼ばれるライフスタイルにおいて，処分は大きな意義のある行為だと考えられる。

そこで，本章では，ミニマリストによる処分という行為を文化現象として捉え，処分と消費社会の関係を示すことを目的とする。まず，処分するためのデジタル技術として，フリマアプリ「メルカリ」について概観する。次に，処分するためのアナログな技法として，「ミニマリスト」の教えを著書から読み解き，その傾向を明らかにするとともに，ミニマリストにおけるメルカリの評価を確認する。最後に，ミニマリストとメルカリの相互作用によって生じたと考えられる消費文化の特徴について考察する。

2 フリマアプリ市場の成長

2.1 メルカリの仕組み

フリマアプリの中でも日本最大の売れるフリマサービスとして知られ，市場を牽引しているのが，「メルカリ」である。そもそもフリマとは，フリーマーケットの略で，いわゆる不要品を売り買いする「蚤の市」のことである。それをスマートフォンやタブレットのアプリ，あるいはパソコン等の端末で，誰でも利用できるサービスが，フリマアプリである。

メルカリで出品されているモノは，中古品，あるいは未使用の新古品である。こうした商品は一般的に新品より安価であるため，買い物をするユーザーは，割安にショッピングを楽しむことができる。一方，出品をするユーザーは，不要になった服や小物を出品して売上金を得ることができる。ちなみに創業から5年間（2018年時点）で最も多く取引されたブランドは，「ユニクロ」で，最も高額で売れたモノは，1粒315万円のダイヤモンド（5カラット）である。

しかし，それ以上に注目すべきことは，メルカリを通じて，以前ならゴミ箱に捨てられてしまうようなモノも取引されていることであろう。たとえば，使いかけのコスメ，使い切ったトイレットペーパーやサランラップの芯，どんぐり等も取引されている（牛窪［2019］，29-30頁）。このように，「こんなモノまで売れるのか」という驚きがあることも，メルカリの魅力のひとつといえよう。

出品における費用は無料で，出品したい商品の写真を撮影し，商品説明や配送方法，出品価格等の必要情報を登録すれば即座に出品できる。メルカリのWebサイトでは，出品に要する時間は約3分であるとされている。

取引は，出品者も購入者も，本名や住所をメルカリ以外の第三者に明かすことなく，ニックネーム同士で進めることができる。場合によっては購入希望者が出品者にメッセージを送り，値切り交渉をし，取引価格を両者で決めることもある。売買が成立したら，出品者には「やることリスト」という通知が届くので，それに従って発送する。購入者は代金をメルカリへと納め，その代金から手数料を差し引いた金額が出品者へと渡る。手数料は購入者が支払った金額の10%である。この10%の手数料が，メルカリの収益となる（山本［2019］，38頁）。

2.2　メルカリの戦略

上記のような仕組みを持つメルカリがサービスを開始したのは，2013年である。2015年の国内におけるアプリの累計ダウンロード数は1,700万だったが，新規上場の直前である2017年には7,100万に達した。「ひとりで複数のアカウントを持っている」といったケースを無視すれば，日本国民の半分以上がダウンロードしたアプリとなった（奥平［2018］，4頁）。

インターネットを使ったサービスを評価するうえで重要な指標となる月間利用者数（MAU）や流通総額（GMV）も右肩上がりで増えていった。四半期ごとの推移を見ていくと2014年7～9月期のMAUは80万人だったが，2018年1～3月期は1,000万人を突破し，2022年10～12月期は2,153万人へと増加した。同じ時期に流通総額も80億円から938億円に達し，2,548億円まで増えている。

ただし，不要になったモノを売り買いできるサービスは，メルカリだけではない。フリマアプリは，メルカリ以外にも「ラクマ」，「ショッピーズ」，「ジモティー」，「PayPayフリマ」等，複数存在する。フリマアプリとして2012年，最初にサービスをリリースしたのは，10～20代女性を中心に人気を得た「フリル」（2018年，楽天の「ラクマ」と統合した）である。以来，続々と市場に参入するライバル企業が登場し，撤退や再編に追い込まれた事例もあるものの，メルカリはシェアを高めていった。

なぜメルカリは，競合を圧倒する存在になることができたのだろうか。その理由の1つとして，使いやすいインターフェースがあげられる。奥平和行によれば，メルカリのデザイナーは，格好いい「ユニクロ」ではなく庶民的な「しまむら」の戦略で挑むべきだと主張していたという。そのため「小さな子どもを持つ地方に住む主婦が意識せずに使える」ということを基本に開発された（奥平［2018］，83頁）。その結果，「フリルが若い女性をターゲットにして男性は利用できなかったのに対し，メルカリは性別，年代，ジャンルを問わない汎用的なサービス」（奥平［2018］，102頁）となり，シェアを拡大できたと考えられる。

また,「フリマアプリでは，売り手が増加すると出品が増えるので買物の場所としての魅力が増大する。そのことにより，より一層買い手が増加する。買い手が増加すると売り手からみれば出品した商品が売れる可能性が増大するので，売り手にとって魅力が増大し，ますます売り手が増える。このようにプラットフォームビジネスでは一度市場シェアを獲得し出すと一人勝ち（WTA：Winner Takes All）の状態が生じやすい」（山本［2019］，40-41頁）。このことをメルカリは強く意識し，誰でも使いやすいサービスを展開したのではないだろうか。

ところで，CtoC-ECのリユースには，フリマアプリだけではなく，ネットオークションもある。メルカリと利用者がほぼ同数（1800万人前後）の人気を誇るのが，1999年に日本で登場した「Yahoo!オークション」，通称「ヤフオク」である。ヤフオクでは，買い手は出品されている商品の中から，気に入った品物を自分の指定した金額で入札することができる。あらかじめ決められた期間，入札が受け付けられていて，最終的にもっとも高い金額をつけた買い手がその商品を購入できる。よって買い手は，終了時間ギリギリまで注意を巡らし，競合に勝たなければ，商品を購入できないことがある。

対するメルカリは，売り手が出品価格を設定したうえで，そこに賛同する人が手を挙げ，基本的には早い者勝ちで購入者が決まる。よって，買い手同士が価格を競り合う必要がないうえ，時として買い手間で譲り合いが発生することもある。このことから牛窪は，「競う」刺激を提供するのがヤフオク，「対話・共感する」楽しさを伝えるのがメルカリ，と表現しており（牛窪［2019］，36頁），両社は競合していないと考えられる。

3　モノを処分する基準

3.1　断捨離

以上，メルカリの仕組みや戦略について概観した。メルカリが牽引したフリマアプリ市場の成長によって，あらゆるモノを誰でも容易に売ることができるようになった。しかも場合によっては，お小遣いを稼いだり，「こんなものまで売れるのか」と喜んだり，ユーザー同士の対話を楽しんだりしながら，モノを処分できるようになったのである。

とはいえ消費者は，何もかもを処分するわけではない。まずは何を使い続け，何を売るのかという選択をしなければならない。それゆえ，メルカリをはじめとする「デジタル技術（テクノロジー）だけではなく，モノの処理を円滑に進めるアナログな技法（テクネー）にも注目が寄せられている」（貞包［2023］，99頁）。

製品の購入においては，製品に属する機能はもちろん，ブランドや，ブランドが提案するライフスタイルなどが，消費者の選択基準として提案される。それと同様に，モノの処分においても，その選択基準が提案されるようになったのである。具体的には，「片づけ術」やこれに影響を受けた「ミニマリスト」の提案が人気となっている。

そこで，ここからは，「モノを処分する基準」に着目しながら，それらに関連する著書を読み解いていきたい。まず取り上げるのは，2009年に出版されたやましたひでこの『新・片づけ術　断捨離』である。この著書は，日本はもとより台湾，中国でもベストセラーとなった。また，やましたが全国展開している「断捨離セミナー」は，年齢，性別，職業を問わず，多くの受講者から支持を得ているという。

断捨離とは，やましたが学生時代に出逢ったヨガに着想を得てつくった片づけ術である。一言で言うと，「モノの片づけを通して自分を知り，心の混沌を整理して人生を快適にする行動技術」（やましたひでこ［2012］，5頁）である。「断」＝入ってくる要らないモノを断つ，「捨」＝家にはびこるゴミ・ガラクタを捨てる，「離」＝物への執着から離れ，ゆとりある“自在”の空間にいる私，と定義されている（同上6頁）。

では，要るモノ・要らないモノはどれなのか，何がゴミ・ガラクタなのかを判断するにはどうすればいいのか。やましたは，「もったいない」「使えるか」「使えないか」等のモノを軸とした考え方ではなく，「このモノは自分にふさわしいか」と問いかけるのだという（同上6頁）。主役は「モノ」ではなく「自分」であり，「このモノは使える」かどうかではなく，「私が使う」かどうか，という考え方が重要となる。

また，時間軸は常に「今」ということが強調されている。今の自分にとって「不要・不適・不快」なモノはただひたすら手放し，「要・適・快」なモノを選んでいく。その結果，自分自身を深く知ることにつながるとされる（やましたひでこ［2012］，7頁）。例えば，次のようなエピソードが紹介されている。

> あるセミナーの受講生さんは，洋服を断捨離していくうちに，気づくと青い服ばかり残っていたそう。青というのは色彩心理学的にはマスキュリン（男性的）な意味合いがあります。その頃の彼女は，仕事も忙しく，新しい分野を開拓しようと躍起になっていたので，自然と男性的なパワーを身につけようとしていたのかもしれません（やましたひでこ［2012］，180頁）。

この言明がどこまで正しいのかについては，疑いがあろう。だがそれはともかく，今の自分にとって「要・適・快」かどうかを基準に処分をする。そうすれば自分を知ることができる，というのが，断捨離の主張であると考えられる。

3.2　片づけの魔法（こんまり）

断捨離のあとに大きなブームとなったのが，2010年に出版された近藤麻理恵（こんまり）の『人生がときめく片づけの魔法』である。近藤によれば，片づけでやるべきことは大きく分けて2つしかない。「モノを捨てるかどうか見極めること」と「モノの定位置を決めること」である（近藤［2019a］，32頁）。

では，モノを捨てるかどうか見極めるにはどうすればよいのか。そこで提案されるのが，「触ったときに，ときめくか／モノを一つひとつ手に取り，ときめくモノは残し，ときめかないモノは捨てる」（同上62頁）という方法である。ここでの「ときめき」とは，モノを触ったときの体の反応のことで，触れるモノによって体の反応は変わるとされている。ゆえに，モノを残すか捨てるか見極めるときは，「『持っていて幸せかどうか』，つまり，『持っていて心がときめくかどうか』を基準にするべき」（同上63頁）だと述べられている。

加えてモノを見極める作業の間は，なるべく静かで落ち着ける環境作りが欠かせず，音楽をかけたり，テレビを流したりするのはおすすめしないとされている。「自分の持ちモノに対して，一つひとつときめくか，どう感じるか，ていねいに向き合っていく作業は，まさにモノを通しての自分との対話」（同上83頁）だからである。

さらに近藤は，「ときめかないけど，捨てられない」と思ったときの対処法まで教えてくれている。それは，「そのモノの本当の役割」を考えてあげる，というものである。

例えば，洋服ダンスの中に，ときめかないけど捨てられない服があったとする。なぜ，その服を買ったのか。買った瞬間にときめいていたのなら，その服は「買う瞬間のときめき」を与えたという役割を果たしたことになる。着てみたら似合わなかったのなら，その服は自分に合わないタイプの服を教えてくれたという役割を果たしたことになる。このように考えて，「『買った瞬間にときめかせてくれて，ありがとう』『私には合わないタイプの服を教えてくれて，ありがとう』といって，手放せばいい」（同上87頁）という。

以上のように，「ときめき」を基準に「モノを通しての自分との対話」を促す近藤麻理恵の片づけ術は，自分を基準とし自分を知ろうとする点において，断捨離の考え方とよく似ていると思われる。そしてこうした特徴は，「ミニマリスト」に引き継がれていくことになる。

3.3　ミニマリスト

身の回りにあるモノを捨てて，最小限のモノで生活するライフスタイルを実践する消費者のことを，「ミニマリスト」という。その火付け役となった著書が，2015年に出版された佐々木典士（ふみお）の『ぼくたちに，もうモノは必要ない。—断捨離からミニマリストへ』である。サブタイトルから，断捨離に影響を受けていることが分かる。また，モノを手放す方法として「ときめく，ときめなかい」という方法は有効だと紹介されており，近藤麻理恵からも影響を受けていることがうかがえる（佐々木［2019］，123頁）。

佐々木によればミニマリストとは，「自分に必要なモノがわかっている人」「大事なもののために減らす人」である（同上50頁）。では，自分に必要なモノとは何か，大事なモノとは何か。それを説明するときに強調されるのが，人の目線を気にしない，ということである。

佐々木は，ある水準以上に豊かになった人は「自分の価値」をモノを通して伝えようとすると指摘する（同上108頁）。例えば，お気に入りの家具や食器に囲まれ素敵な生活を送る自分，車や腕時計や万年筆で固めたダンディな自分，高級ブランドと高価な化粧品でケアされるラグジュアリーな自分になろうとする。

しかしそうしたモノの維持・管理に消耗してしまっているようなら，手放すべきである。きちんと使っていて，使うことで喜びを感じさせてくれるモノが本当に大事なモノなのであり，ただ人の目線を気にしたモノは手放すべきだと説かれる（同上108頁）。

このような主張は，のちの多くのミニマリストに共通している。人気のミニマリストであるエリサも，その一人である。エリサは，バルーンアーティストとして活動する一方で，ミニマリスト生活を心がけている。そのライフスタイルを綴ったブログ「魔法使いのシンプルライフ」は，日本ブログ村のミニマリストカテゴリーでランキング１位をとるほどの人気であり，月間ＰＶ数が50万ＰＶを超えることもあった。

エリサが主張するのは，モノを処分する基準は人それぞれ違うということである。誰かにとって必需品でも，誰かにとってはムダなモノであり，その判断は自分にしかできない。ミニマリズムとは「必要なモノだけを見極めて持つ姿勢」であり，必要なモノは人それぞれなのである（エリサ［2016］，147頁）。

ただし，ミニマリズムを取り入れることで，共通して３つの「れず」が備わるという。それは，「常識にとらわれず」「流行に流されず」「人に振り回されず」である（同上158頁）。やはり，人の目線を気にすることなく，自分の基準で処分することが重視されている。

つづいて取り上げたいのは，月に100万回のアクセス数を誇る人気ブロガー，澁谷直人である。澁谷は，「ミニマリストしぶ」というペンネームで，2018年に『手ぶらで生きる　見栄と財布を捨てて，自由になる50の方法』という著書を出版している。

澁谷は，ミニマリズムが「ミニマル・アート」という美術の分野から発達した概念であることを踏まえ，ミニマリズムの本質は，ある１点を目立たせるために他をそぎ落とす「強調」にあると述べている（ミニマリストしぶ［2018］，22頁）。そこでミニマリストになるには，「無駄」を洗い出してはそぎ落とし，自分にとって大切な「強調」すべきポイントを把握しなければならない。

では，何を「無駄」として処分すればいいのか，あるいは，何を「強調」すべきモノとして残せばいいのか。澁谷は，「買う」「持つ」「考える」「手放す」を何度も繰り返すうちに，「強調したい部分はどこか」という，自分にとっての最適解が見つかっていくという（同上85頁）。例えば，次のようなエピソードが紹介されている。

> なんにもない僕の部屋だが，ちょっと自慢したい物がひとつある。それは，「プレイバルブ」というスマートLED電球だ。iPhoneでのリモート操作により，照明の光を赤，黄，青，紫などさまざまな色に変えることができる。（中略）ゆったりとしたいときは青，集中したいときは真っ白というように，そのときの自分の状態に合わせて色を選ぶことで，生活にある種のリズムが生まれている。／無駄をそぎ落とした部屋だからこそ，この照明のよさが際立っている（ミニマリストしぶ［2018］，84-85頁）。

何かを処分してみてはじめて，何を残せばいいのか分かる。したがって，「悩む暇があったら，さっさと買う・捨てる／トライ＆エラーの繰り返しで，直感力を磨く」（同上98頁）ことが重要とされている。

3.4　ミニマリストとメルカリ

以上，「片づけ術」およびこれに影響を受けた「ミニマリスト」を紹介した。彼ら・彼女らが提案する「モノを処分する基準」に着目してみると，モノを処分する基準は人それぞれ違うのだから，人の目線を気にせず，自分の直感力を通じて「モノを処分する基準」を知っていけばよい，と整理できるであろう。

ではこのように，モノの処分を円滑に進めるためのアナログな技法を提案している「ミニマリスト」は，誰でも容易にモノを売ることのできるデジタル技術「メルカリ」をどのように利用しているのであろうか。

先の佐々木は，メルカリが，モノを手放すために今いちばんおすすめのサービスだと紹介している（佐々木［2019］，124頁）。その理由として，出品は慣れれば１分もかからずに済んでしまう，見ている人の数が多いのであっという間に売れていく，発行されたQRコードを郵便局やコンビニに持っていけば相手の住所や名前を知らなくても発送できることをあげている。また，手数料は10％かかるが，それでも中古の買取店に持っていくのと比べれば雲泥の差の値段がつく。ゆえにモノを手放すときに出てくる「高かったから」という言い訳をクリアしやすいのも，おすすめの理由となっている。

エリサの場合は，そもそもフリーマーケットに出店したことで，「捨てる」以外の持ちモノを手放す手段が生まれたから，ミニマリストへの道を歩み始めている（エリサ［2016］，174-175頁）。しかしフリーマーケットでは，場所を有料で借りて接客をして……という手間がかかる。ネットオークションは場所代や接客の手間は省けるが，写真を撮ってパソコンに取り込み，懇切丁寧に説明文を書くという作業が必要となる。

対して「メルカリ」は，スマホがあれば誰でも簡単に売り買いが楽しめる。スマホで写真を撮って，iPhoneの音声入力で簡単な紹介文を書いて出品したら完了する。反応が早く，高く売れることもある。実際にデジタルカメラや服が，リサイクルショップよりも高い価格ですぐに売れたという。できるだけ手間をかけずに手放す行為を楽しめるのがメルカリであると紹介されている（同上112-113頁）。

つづいて「買う」「持つ」「考える」「手放す」を何度も繰り返すことが重要だという澁谷は，「手放す」ときには「捨てる」よりも，「売る」「譲る」「使い切る」のどれかが理想だと述べている（ちなみに，「使わないのに，持ったまま眠らせる」というのも「捨てる」と同じくらいよくないそうだ）（ミニマリストしぶ［2018］，89頁）。なぜなら，その方が，結果的に得をすると考えられているからである。例えば，フリマアプリのメルカリを利用すれば，ありとあらゆるものを売ることができる。使用済みの口紅さえ，先端部分をカットすれば数千円で売ることができる。

また，流行に敏感な女性は，流行の服を新品で買い，流行が終わる頃にフリマアプリで売るため，結果的に安い金額で洋服を楽しむことができる。したがってフリマアプリの普及により，トレンドに敏感であることが経済的に得する仕組みになっていると指摘されている。

以上のように，ミニマリストは大いにメルカリを利用し，推奨している。モノを処分しながら自分を知ろうとするミニマリストにとって，メルカリは，モノを捨てるときの経済的負担や心理的負担を減らしてくれる重要なサービスとなっていることが分かる。

4 「処分」がもたらすもの

4.1 シェアリングエコノミーの発展

前節まで，ミニマリストとメルカリの関係に注目してきた。メルカリの成長がミニマリストのライフスタイルを容易にする一方，ミニマリストの普及がメルカリをさらに成長させるという相互作用的な関係が確認できたのではないだろうか。碇朋子は，これと同様の関係についてすでに論じている。碇は，「断捨離」をライフスタイルとして捉え，「シェア」するしくみの発達が「断捨離」を容易にし，一方で「断捨離」的な志向の普及が「シェア」をさらに発達させうる関係を明らかにしている。

ここでの「シェア」とは，シェアリングエコノミーとも呼ばれる。シェアリングエコノミーには世界的にコンセンサスを得た定義はないとされているが，内閣官房のシェアリングエコノミー推進室では，「個人などが保有する活用可能な資産など（スキルや時間等の無形のモノを含む。）を，インターネット上のマッチングプラットフォームを介して他の個人等も利用可能とする経済活性化活動」と定義されている。具体的には，民泊サイトの「Airbnb」，デリバリーサービスの「Uber Eats」，そして「メルカリ」もシェアリングエコノミーに分類される。

こうしたシェアリングエコノミーは，碇によれば，「もし必要になればこのようなサービスを利用し『シェア』すればいいのだから自分で所有しなくても大丈夫」という安心感を消費者に与えているため，「断捨離」を容易にし，促進していると考えられる（碇［2019］，59頁）。

そもそも先のやましたは，シェアリングエコノミーが拡がる前から，「所有しなくても大丈夫」だと説き，断捨離を促している。やましたは，最終的に断捨離で「所有」という発想自体を打ち破っていきたいと主張し，究極的にはすべてのモノは地球からの借り物なのであり，所有とは結局，思い込みであるという。そう考えれば，自然とモノを大事にしたい気持ちが湧いてくる，とも述べている（やました［2012］，194-195頁）。

また，ミニマリストの佐々木は，メルカリによって所有という概念が揺らいでいる，要するに「所有しなくても大丈夫」になったのだと指摘している。

> モノが限りなく手放しやすくなると，所有しているモノが多いとか少ないとか簡単にはいえなくなってくる。ぼくのようにその瞬間のクローゼットだけ見ると10着しか服は持っていない，しかしメルカリを通して１シーズンに30着はぐるぐると回転させている，ということも普通にできてしまうからだ（佐々木［2019］，300頁）。

たしかにメルカリユーザーのなかには，レンタルサービスを利用するよりずっと安いという理由で，売買をする消費者もいる（牛窪［2019］，23頁）。「すべての物は地球からの借り物」（やました［2012］，195頁）とまでは言えないが，あらゆるものがメルカリからの借り物，という状況が生まれつつあるのである。

こうしてメルカリは，所有を減らしながらも豊かな消費生活を送ろうとするミニマリスト生活を容易にする。一方ミニマリストの普及が，メルカリをさらに成長させていると考えられる。この相互作用のなかで，シェアリングエコノミーのさらなる発展が期待されるであろう。

ただし，「シェア」という用語には多様な意味があることについては，注意をしておきたい。たとえば，ベルク（Belk, R. W.）は，利益動機に基づいていて共同社会的な感情が欠如している「シェアリング」を，「偽シェアリング」と名付け，区別している。ベルクによればシェアリングの特徴は，共有されるモノの特性よりも，共有に参加する人々の意図にある。その意図とは，アクセス権の獲得ではなく，人間的なつながりを作ることである（Belk［2014］，p.17）。

これを踏まえ，ミニマリストは，人間的なつながりを作るためにメルカリやシェアリングサービスを利用しているのかといえば，そうではない。ミニマリストの著書から読み取ることができるのは，シェアリングエコノミーとは，モノを処分するときの経済的・心理的負担を減らしてくれるサービスだということに尽きていると思われる。

4.2　煩悩（欲望）からの脱却

日本のミニマリストは，シェアリングに人間的なつながりを求めてはいない。それどころか日本のミニマリストは，アメリカのミニマリストに比べ人間関係からの離脱を志向しているとさえいわれている。

アメリカのミニマリストについて考察しているエッツィオーニ（Etzioni, A.）によれば，ミニマリストを実践するインセンティブは，日々の消費生活に対する不安に根ざしているという。ショッピングそれ自体から満足を引き出そうとする人々にとって，ショッピングという活動を切り詰めると，空白になった時間は不安をもたらすことになる。空いた時間は，他のアクティビティに関するテイスト（嗜好）を磨くとか，それにコミットメントするという仕方で用いられるべきだが，それは骨の折れる活動である。コストが高ければ，私たちは自分のテイストを洗練させようとしないであろう（Etzioni［2003］，pp.15-18）。

こうしたテイストの洗練化を引き受けなくても，価値ある時間を過ごすことができるというシンプルな生活の提案をしているのが，エッツィオーニのいうミニマリストである。「例えば，他者との絆や愛や親密性の形成，友人関係の形成，瞑想の実践，自然とのコミュニケーションなどは，テイストを磨くというよりも，コミュニケーション力を磨くものである。ヴェブレンはテイストを磨く有閑階級の生活を理想としたが，これに対してミニマリズムの理想は，テイストではなくコミュニケーションや受容力を磨くダウンシフターズの生活にある」（橋本［2021b］，245-246頁）。

それに対し橋本努は，日本のミニマリズムは人間関係からの離脱を志向していると指摘する（橋本［2021b］，246頁）。たしかにミニマリスト関連の著書のなかには，もっと活動的な生活を送るように啓発するものもあるが，コミュニケーション力を磨くものとしては語られていない。それよりも，先に述べたとおり，「人の目線を気にしない」ことが強調され，モノの処分を通じて自分のテイスト（嗜好）を磨くことができるのだと説かれている。

しかし，人間関係からの離脱を志向しているからといって，橋本は，日本のミニマリストを批判しているのではない。ミニマリストは，新しい消費文化をもたらす可能性があるものとして，むしろ評価されている。この評価において重要なのは，ミニマリズムの立場を明確にするために，「煩悩（欲望）とその克服」という観点から，消費行動のパターンを類型化していることである。それは①「煩悩を満たす」，②「煩悩を洗練させる」，③「煩悩を律する」，④「煩悩を脱却する」の４つである（橋本［2021a］，173-177頁；橋本［2021b］，248-249頁）。

たんなる階級上昇志向の虚栄か，たんなる階級維持志向の物質的追求か，あるいは階級を下降させてでも満たしたい低次の欲求充足のための消費行動は，①「煩悩を満たす」に分類される。こうした消費行動は，顕示的消費であるとか，アルコール依存症や過食症などの嗜癖につながるとされ，批判されてきた。

対して煩悩は，煩悩それ自体を通じて，文化的に洗練される方向に向かうことがある。例えば，絵画や音楽の鑑賞，あるいは陶芸や手芸などの制作において，人は「他者の賞賛を得たい」という欲求から，自身の煩悩を洗練させていく。こうした行動は，②「煩悩を洗練させる」に分類される。文化的な洗練は，自らの階級的地位を上昇させることもあれば，すでに高い地位を享受する場合や，地位を下げてまで探求されることもある。しかし，いずれにせよ，顕示的消費はそれがもし文化的な洗練に向かう場合には，必ずしも批判されることはなかったと考えられる。

他方で，文化的な洗練とは別に，市民精神を通じて煩悩の克服が目指されることもある。実際，顕示的消費に対する批判は，自律した市民の精神を理想とする立場からなされてきたと考えられる。ここでの自律した市民とは，「市場に依存しない自律的な経済基盤を持ちつつ，その基盤から市場や資本主義の誘惑をしりぞけて，自らの経済生活を理性的にコントロールする主体」（橋本［2021b］，249頁）である。

例えば，生活協同組合の運動は，煩悩を満たすような消費行動を克服して，自律した共同経済の営みを理想とする。また，どんなに弱い人間でも，尊厳をもって生きることができるような社会を理想とするリベラリズムは，消費依存症（低次欲望への沈殿）によって尊厳の基盤を奪われることを課題とし，消費社会を批判している。さらに，環境問題に関心のある市民は，自らの生活をダウンシフトさせて，環境に配慮する生活を企てている。以上の考え方はいずれも，③「煩悩を律する」に分類される。

これらに対して，煩悩を削ろうとする行動は，④「煩悩を脱却する」に分類される。煩悩からの脱却は，仏教（禅）のテーマの1つでもある。仏教（禅）では，修行を積んで煩悩から脱却し，高い精神性を目指す。一方，ミニマリストは，修行僧のような仕方で高い精神性を追い求めるのではなく，むしろ高い精神性を求める道の入り口付近で，煩悩から自由であるような日常生活のスタイルを模索しているのだと，橋本は分析している（橋本［2021a］，175頁）。

ミニマリストは，「ものを捨てる，譲る，シンプルに生きる」といった実践を通して，自分にとって本来の精神を取り戻そうとする。高い精神性を目指すよりも，日常生活に留まろうとする。支配階級の文化スタイルとは無縁の次元で，豊かな時間を送ろうとする。こうしたミニマリストの行動は，④「煩悩を脱却する」に分類される。

このように分類することで，ミニマリストは，消費者の煩悩（欲望）に対する批判，言い換えれば消費社会に対する批判を含んだ行動であると位置づけることができる。「煩悩を満たす」行動，とりわけ顕示的消費は，「煩悩を洗練させる」あるいは「煩悩を律する」という立場から批判されてきた。これらに加わる新しいパターンとして「煩悩を脱却する」ミニマリスト，という立場があると考えられるのである。

4.3　「賢い」消費ゲームの延長

しかし，橋本は，ミニマリストが必ず消費社会に批判的立場であるとは述べていない。ミニマリストは人間の煩悩（欲望）に対する批判的行動であると位置づけられるものの，ミニマリストたちは身の回りのモノを片づけることで，新たな購買欲をかきたてられるかもしれないからである。そもそもメルカリは，一次流通と二次流通を融合させ，新たな購買欲を創出することを戦略としている。当のミニマリストも，数多くのモノを「所有」するライフスタイルに疑問を投げかけているのであって，購買欲については批判していないのである。

またそれとは別の角度からも，ミニマリストは消費社会批判の担い手にはなり得ないという指摘がある。ミニマリストは，そのライフスタイルを著書やブログ等のメディアで見せびらかしているようにも見えるからである。先の４つの消費パターンを踏まえれば，「煩悩を脱する」消費行動も，他の人に顕示することによって，容易に，「煩悩を満たす」消費行動にもなり得るのである。

例えば，貞包英之は，「ミニマリスト」だけではなく，「環境に優しい商品」，「ロハス」や「シェア」，「ていねいな暮らし」といったブームは，他の人に自分の道徳的，感性的「正しさ」ないし「賢さ」を見せびらかすモードであると指摘している（貞包［2023］，12頁）。そのうえで，社会歴史学者でもある貞包は，1990年代以降のデフレ経済を起点としてミニマリストの登場を分析し，下記の通りにまとめている。

> 1990年代以降のデフレ経済によってモノや情報が大量に生み出されていくなかで，①「賢い」消費のゲームが拡大していくと同時に，②それが買物を厄介で面倒な「作業」にしていくことにもなった。だからこそ③モノの飽和に対処するさまざまな手段も編み出されていく（貞包［2023］，107-108頁）。

ここでまず貞包が強調するのは，1990年代以降，経済が停滞し消費支出は減少したのだが，消費への関心が低下し消費生活が停滞したとはいえないことである。使えるお金の減少は，デフレによって打ち消されたからである。例えば，その時期マクドナルドや吉野家といった外食産業がより目立つようになり，ユニクロは店舗数を急増させ，H&MやFOREVER21といった安価なファストファッションが定着した。そして，100円ショップが人気となる。

100円ショップは，貧困層に限定されない多様な客を取り込むことに成功した。貞包の調査によれば「自分は賢く買い物ができる」という設問に対して肯定的に答える者が，100円ショップをよく利用していることが明らかになっている。つまり100円ショップの魅力は，「安さ」と「質の良さ」の両者の間でバランスをとって「賢く」買い物できることにあるのではないか，と貞包は指摘する。

さらに，100円ショップの興隆とほぼ同時期には，ルイ・ヴィトンやグッチを代表するブランドのバッグや衣服がよく売れていた。ブランド品は，デフレ傾向下で安価な商品が大量にあふれるなかで，買うべき商品としての価値をむしろ高めていったと考えられる。自分の趣味やセンスを表現するだけでなく，自分は安物買いで銭を失わない「賢い」消費者であることを示すために，ブランド品の購買はよい機会になるのである。

そうした「賢い」消費ブームと同時期に，情報的コミュニケーションが拡がった。さまざまな問題点も指摘されるなか，消費者はデジタル企業のサービスを利用し，情報的コミュニケーションをし続けている。なぜなら，消費社会が提供する数多くの商品や情報を個人の知識や経験だけで「賢く」選択するのはむずかしいからである。対象を吟味するためには時間的，労力的コストがかかるが，供給される商品が無際限であれば，そのコストも無際限のものに膨れ上がってしまう。

そこでいかに厳選して買うかだけではなく，買ったものをいかに効率よく「整理」し「廃棄」していくかが課題となる。それを解決するために登場するのが，フリマアプリといったデジタル技術や，モノの処理を円滑に進めるアナログな技法である。

以上のような文脈のなかに，貞包は，「メルカリ」や「ミニマリスト」を位置づける。そしてデフレ化の「賢い」消費のゲームも，そのなかで登場した「メルカリ」や「ミニマリスト」も，消費社会を批判するどころか，消費社会を延命してきたと，考察するのである（貞包［2023］，93頁）。

4.4　モノが飽和した時代の私的消費

メルカリとミニマリストの拡がりは，「賢い」消費ゲームの延長であると考えられる。言い換えれば，メルカリとミニマリストの拡がりは，顕示的消費や他者とのコミュニケーションゲームの1つであるということができる。しかし，貞包の消費研究においてより重要だと思われるのは，消費はコミュニケーションゲームに尽きるものではない，と考えられていることである。

貞包は，「消費には，何かを伝えようとするコミュニケーションの水平的なゲームの他に，他者を相対的に置き去りにして，むしろ自己の快楽や満足を貪欲に追求する垂直な私的なゲームが含まれている」（貞包［2023］，121頁）と論じている。もちろん，「商品に他の商品との違いを示す示差的な価値が備わっている以上，他者との水平のゲームは多かれ少なかれ，つねにすでに続けられている」(同上125頁)。他方，それに平行しつつ，自分とモノとの間に垂直なゲームとしての消費も続けられていることに，注意が必要なのである。

垂直な私的なゲーム，言い換えると「私的消費」で重要になるのは，あくまでこの「自分」ないし「私」にとって消費が何を意味するかであり，「他者」ないし「公」的にそれが何を意味するかではない。

そのような消費は，例えば「盛り」のブームにみることができるという。「盛り」とは，日本の年少の女子に拡がった特有の化粧や服装のことで，眉毛や目の形，肌などを特殊なかたちに変形させることである。このブームは，通信制の高校に通うなど，ファッション業界では比較的下層の女子たちが，安価で多様な商品を「自分だけ」の仕方で利用し，（コミュニティと協調しつつも）どこにもない美をつくり出したことに特徴があった（同上126-130頁)。

また，私的消費の例として，単車やさまざまなパーツを組み合わせ改造し，「自分なり」の楽しみを味わおうとしていた暴走族の消費文化をあげることができる（同上132頁)。さらに，漫画やアニメ，その設定資料やグッズなどの商品を利用・再解釈し，それをもとに「自分だけ」の私的世界をつくり出そうとするオタク的消費文化も私的消費の例としてあげられている（同上132-134頁)。

以上のように，「自分」ないし「私」であることを探求しながら，新たな快楽をできるだけ引きだそうとするのが，私的消費の特徴となる。こうした特徴は，ミニマリストにもみられたのではないだろうか。ミニマリストもまた，人の目線を気にせず，自分の直感的な消費行動を通して，自分を知ろうしている。つまり，ミニマリストは，安価な商品が大量にあふれ，さまざまなモノを手に入れられる時代のなかで，新たな私的消費の仕方を提案しているのではないだろうか。

私的消費が可能なのは，商品それぞれに独自の「余白」があるからだと，貞包は表現している（同上130頁)。消費者は，商品に認められた価値や機能を超えたモノの余白を発見し，モノから新たな満足や快楽を引き出すのである。この「余白を発見する」とは，近藤麻理恵の言葉でいえば「ときめきを感じる」なのであろう。ミニマリストたちの言葉でいえば「人の目線を気にせず自分の直感力を磨く」ことであろう。これまでは，商品の「購買」と「使用」の段階に，商品の余白は発見されたと思われる。しかし，モノが飽和した現代においては，「処分」の段階においても，商品の余白が発見されるのである。

5 「処分」をめぐる今後の課題

メルカリの成長がミニマリストのライフスタイルを容易にする一方，ミニマリストの普及がメルカリをさらに成長させる。その相互作用的関係のなかで，モノを処分して自分を知る，という消費文化が生まれた。そしてこの消費文化は，①シェアリングエコノミーの発展，②煩悩（欲望）からの脱却，③「賢い」消費ゲームの延長，④モノが飽和した時代の私的消費，として捉えられるのではないだろうか。

なかでもさらなる議論が必要だと思われるのは，私的消費についてである。私的消費の例としてあげられるのは，先に述べたとおり，ファッション業界であった。そこで比較的下層の女子や，暴走族，オタクなどは，自由な消費が制約されている消費者であると考えられている（貞包［2023］，167-168頁）。したがって，ミニマリストというライフスタイルも，消費社会の自由を享受しているのではなく，不自由であるがゆえに選択したものなのではないか。この点の考察については，今後の課題としたい。

＜参考文献＞

Belk, R. W.［2010］Sharing, *Journal of Consumer Research*, Vol.36（5）, pp.715-734.

Belk, R. W.［2014］Sharing Versus Pseudo-Sharing in Web 2.0, *The Anthropologist*, Vol.18（1）, pp.7-23.

Etzioni, A.［2003］Introduction: Voluntary Simplicity —Psychological Implications, Soietal Consequences, in Daniel Doherty and Amitai Etzioni eds., *Voluntary Simplicity: Responding to consumer culture*, New York: Rowman & Littlefield, pp.1-25.

碇朋子［2019］「消費者の新たなライフスタイルとしての『断捨離』～『モノ』への依存から自己の解放・共有・拘束～」『明星大学経済学研究紀要』Vol.51 No.2，47-67頁。

石井淳蔵［2004］『マーケティングの神話』岩波書店。

牛窪恵［2019］「なぜ女はメルカリに，男はヤフオクに惹かれるのか？」田中道昭・牛窪恵『なぜ女はメルカリに，男はヤフオクに惹かれるのか？　アマゾンに勝つ！　日本企業のすごいマーケティング』光文社，20-80頁。

エリサ［2016］『トランクひとつのモノで暮らす』主婦の友インフォス情報社。

奥平和行［2018］『メルカリ　希代のスタートアップ，野心と焦りと挑戦の5年間』日経PB社。

近藤浩之［2019］「マーケティングにおける交換の性質の再吟味：シェアリングエコノミーの進展を受けて」『東京経大学会誌』第302号，93-108頁。
近藤麻理恵［2019a］『人生がときめく片づけの魔法―改訂版―』河出書房新社。
近藤麻理恵［2019b］『人生がときめく片づけの魔法２―改訂版―』河出書房新社。『ぼくたちに，もうモノは必要ない。増補版』筑摩書房。
佐々木典士［2019］『ぼくたちに，もうモノは必要ない。増補版』筑摩書房。
貞包英之［2015］『消費は誘惑する　遊廓・白米・変化朝顔――八，一九世紀日本の消費の歴史社会学』青土社。
貞包英之［2023］『消費社会を問いなおす』筑摩書房。
週刊東洋経済編集部編集［2018］『爆走するメルカリ　週刊東洋経済ｅビジネス新書No.234』東洋経済新報社。
橋本努［2021a］『消費ミニマリズムの倫理と脱資本主義の精神』筑摩書房。
橋本努［2021b］「消費ミニマリズムの倫理」橋本努編著『ロスト欲望社会　消費社会の倫理と文化はどこへ向かうのか』勁草書房，231-254頁。
間々田孝夫［2016］『21世紀の消費―無謀，絶望，そして希望―』ミネルヴァ書房。
ミニマリストしぶ［2018］『手ぶらで生きる。見栄と財布を捨てて，自由になる50の方法』サンクチュアリ出版。
やましたひでこ［2012］『新・片づけ術　断捨離』マガジンハウス。
山本晶［2019］「デジタル社会のビジネスモデル：メルカリ」西川英彦・澁谷覚編『１からのデジタル・マーケティング』碩学舎，36-48頁。
吉村純一［2019］「現代流通研究と消費文化理論（CCT）の可能性」『流通』（日本流通学会）No.44，101-109頁。
経済産業省「電子商取引に関する市場調査」https://www.meti.go.jp/policy/it_policy/statistics/outlook/ie_outlook.html（最終閲覧日2023年３月25日）
内閣官房シェアリングエコノミー推進室　ホームページhttps://cio.go.jp/share-eco-center/（最終閲覧日2023年３月25日）
メルカリ　ホームページ　https://about.mercari.com/（最終閲覧日2023年３月25日）

第3部

消費文化視点による
マーケティング研究の新展開

第7章

CCTと多国籍企業の市場戦略

1　消費文化と多国籍企業

われわれの生活を彩るあらゆる商品は，いまや国境を越えて流通されるようになっている。それらは，グローバルな規模で絶え間なく移動するとともに，さまざまな消費者の価値観やライフスタイルのなかで意味付けられ利用されることにより，それぞれの国や地域で消費文化をかたちづくっている。

このプロセスに深くかかわっているのが多国籍企業である。多国籍企業は，まさにその名が示す通り，多数の国々をまたに掛けながら，商品を生産し販売する。そのため，越境化し流動化する現代の消費文化について論じる際には，多国籍企業を抜きに語ることはできない。

他方では，多国籍企業の市場戦略において，文化がますます重要な要素になっている。世界的に企業間競争が激化する一方で，商品のコモディティ化が進行し続けており，新たな技術やコミュニケーション・ツールの登場も相俟って，有効な市場戦略が必要とされている。すなわち，競争相手に対して差別化でき，かつ消費者を魅了できるような競争優位をいかにつくり出せるかが問われているのである。

実際に，近年のマーケティング論やブランド論，経営戦略論等では，そのような競争優位の源泉として，「文化」や「意味」，「物語」，「神話」などに注目が集まっている（延岡［2011］，上原［2015］，内田［2016］，Aaker［2018=2019］，Holt［2020=2021］）。また別の観点では，特にSNSの発展と普及を背景に，消費者が商品の意味付けに積極的に関与するようになってきたため，消費者がどのような価値観のもとで商品を利用したり経験したりするのか，あるいは自分たちのライフスタイルにどのように組み込んでいるのかなどの消費文化に対する洞察が不可欠になっている。

本章の目的は，多国籍企業の市場戦略という観点から，消費文化理論（以下，CCT）の意義や可能性について理論的に検討することである。とりわけ，多国籍企業論とCCTはどのように重なり合うのか，そして多国籍企業の市場戦略を研究する際にCCTのどの部分がどのように貢献しうるか，という２つの問題意識から考察する。したがって，CCTそれ自体を中心に据えて議論するというよりはむしろ，多国籍企業というレンズを通して，CCTがどのような可能性を秘めているのかを解き明かしていきたい。

2　国際マーケティング論における文化の位置付け

多国籍企業の市場戦略に関しては，主に国際マーケティング論の分野で研究が蓄積されてきた。そこで本節では，従来の国際マーケティング論において文化がどのように位置付けられてきたかについて見ていこう。

ナカタら［2009］は，文化研究の動向を把握するため，1990年から2000年の間に国際マーケティング論と国際経営論の主要学術誌に掲載された，計587本の論文を調査した。その結果，全体的な傾向として，文化に言及する論文は増加の一途を辿ってきたものの，その理論や方法を明確に述べるものは半数に満たない（42%）ことが判明した。過半数の論文が，文化について簡潔に触れるだけであったり，論文の最後に文化理論を多少紹介するに留まったりするなど，概念や理論的枠組みを明示せずに曖昧なまま論じていたのである。文化の地理的範囲について見てみると，国境によって文化を区分する研究が調査期間内に63%から79%へと急増する一方で，国境に依存することなく文化を把握しようとする研究はほとんど現れていないことも分かった。

次に，文化を明示的に扱う論文に焦点を合わせ，どのような分析視角や理論的枠組みが用いられてきたかについて詳細に分析された。そのうち70%の論文が，因子分析などを使用して得られたデータを説明するために，事後的に理論が作り出される「個人中心的・経験的」な研究であり，また91%という圧倒的多数の論文が，ある変数が他の諸変数に対してどのような影響を及ぼすかを分析する「アナログ・モデル」に基づく研究であった。したがって，大半の研究が，文化を独立した構築物であると見なし，例えば消費者が受容する広告の種類など，他の要素にいかに影響するかを分析するような，一方向的なモデルとして論じていたことが明らかになったのである。

同様に，採用されてきた文化理論にも偏りが見られた。多くの論文（68%）が依拠してきたのが，ホフステッド［1980=1984］の研究である。ホフステッドは，自身が欧州人事調査顧問を務めたIBMの従業員を対象として，50ヵ国以上の延べ11万6千人に対する大規模な調査を実施することにより，各国文化を①権力の格差，②不確実性の回避，③個人主義化，④男性化の4つの指標（後にホフステッド［1991=1995］で，5つ目の指標として儒教的ダイナミズムが加えられた）から比較し類型化した。このホフステッドの研究の採用数を過去20年間で見てみると，最初の10年間が60%であったのに対し，その後の10年間では78%に達するなど，時代が下るにしたがって採用数が増えていた。ホフステッドの次に採用されてきたのが，各国文化を高コンテクスト文化と低コンテクスト文化に区分した，E. ホール［1976=1979］の14%である。したがって両者を合わせると，実に8割を超える研究を占めていた事実が分かったのである。3番目に使用されてきた理論がトリアンディス［1989］の3%であることを踏まえると，ホフステッドとE.ホールの，とりわけ前者の影響がいかに多大であるかが理解できるであろう。

以上の結果を受けて，ナカタらは，国際マーケティング論における文化理論がいまだ初歩的な段階に留まっていることを指摘する。すなわち，文化を扱う多くの研究は，文化を国の代理と見なしており，概念や理論を明示することなく暗黙的に扱っている。さらに，文化を明示的に論じる研究においても，そのほとんどがアナログ・モデルに基づいて理解しようとしているため，文化の微細で批判的な側面を理解するような次元には至っておらず，その複雑で動態的な性質を捉えきれていない，というのである。絶大的な影響力を行使してきたホフステッドの研究にも，アナログ・モデルから抜け出せていないこと，静態的で均質的な国民文化概念に基づいていること，4つの次元の相関関係がほとんど考慮されていないこと，結合的で複数の方向性のなかで揺れ動くという文化の性質を見逃していること，過度に還元主義であること，などを理由として批判の目が向けられる。

このことから，アナログ・モデルが見落としてきた文化の複雑で動態的な側面を捉え，国際マーケティング論での文化研究を発展させるためには，理論的な多様性が探求されるべきであり，オルタナティブな概念の探求が必要であると，ナカタらは主張する。その1つの方向性として，彼女たちが注目するのがCCTである。文化の断片的・多元的・流動的な性質に注目するCCTの成果は，文化に対するわれわれの視野を広げ，ミクロレベルの社会編成という視角から分析できる可能性があるとされる。

ところが，ナカタらの指摘にもかかわらず，国際マーケティング論ではいまだ，アナログ・モデルに基づく見解が主流であるように思われる。例えば，近年出版された国際マーケティング論のテキスト，なかでも文化を重要な要素として扱い，かつ複数の版を重ねてきた著名なテキストにも，この傾向は見て取れる（Keegan & Brill［2014］; Gillespie & Hennessey［2016］; Cateora et al.［2020］）。そこにおいて文化は，経済や政治，法律等とともに，国際マーケティング環境に多様性をもたらす要因として位置付けられており，ホフステッドやE. ホールの研究成果を利用することで文化的差異を精確に理解し，マーケティング戦略に反映させることが重要であると唱えられている。すなわち，多国籍企業の本国の文化と進出先国の文化の間に類似性が見られるのであれば標準化された共通のマーケティング戦略を採用することが可能であるが，その反対に相違性が見られる場合には，現地の文化に適応するように戦略の修正を図る必要性が叫ばれるのである。

3 文化構築主体としての多国籍企業

3.1 新たな文化理解の探求

従来の国際マーケティング論で採用されてきた文化概念には，いくつかの特徴があった。第1は，文化内部の共有性や統一性を強調する「均質的」な特徴である。第２に，文化は不変である，あるいは容易には変化し難いという「静態的」な特徴である。第３は「先験的」な特徴であり，文化が多国籍企業に先立って独立して存在しているという理解である。それゆえ，文化が多国籍企業の市場戦略に対して「一方向的」に影響を及ぼすような図式から把握しようとする第４の特徴が浮かび上がる。

これらの特徴を前提としているために，アナログ・モデルに基づく研究が複製され続けているとは考えられないだろうか。つまり，均質的な文化的特質を有する（と仮定される）国民文化によって区分され，その特質が固定的であるからこそ，複数の指標をもって「測定」することが可能となる。また，ホフステッドのようにたとえ50年以上前の調査であっても，現代にも同じように当てはまるという仮説の下，その結果が繰り返し利用される。その上で，測定された結果に基づき，国家間の文化的相違が多国籍企業の市場戦略にどのような影響を及ぼすかが追求されるのである。

確かに，文化的相違を認識しようと努めることは重要であるし，実際にそのような相違が多国籍企業の市場戦略に対して，進出先国の文化に適応すべく修正を迫ることは間違いないだろう。しかしながら，それは多国籍企業の市場戦略と文化の関係性の一端でしかない。一方向的なアナログ・モデルが想定するのとは対照的に，多国籍企業の活動を通じて文化が創造されたり変容されたりするような，逆方向の影響もあるはずである。

従来の文化概念とは反対の，重層的・動態的・後験的・双方向的なものとして文化を理解するためには，どのような研究が必要とされるであろうか。多国籍企業の市場戦略と文化の関係性を論究するにあたり，これまでとは異なる新たな文化概念を採用し，その下で理論的枠組みを構築し直す作業が求められよう。そこで，筆者が注目するのが文化構築主義とカルチュラル・スタディーズ（以下，CS）である。次節以降でCCTを検討しその意義を考えるための準備段階として，まずはこの２つを説明する。

3.2　構築主義に基づく文化概念

多国籍企業と文化の双方向的な関係性や文化の動態的側面を捉えるために，構築主義の立場に基づく文化概念が有用である。構築主義の特徴は，本質主義と対置することで明確になる。文化本質主義は，従来の文化概念に顕著なように，文化を「特定の集団の成員によって過去から現在に綿々と受け継がれる習慣や価値体系の総体ととらえ，その非歴史性や固定性を強調」する。それに対して文化構築主義は，「文化や伝統，慣習がつねに取捨選択や駆け引きの対象となりながら，現在（の固有の社会的・政治的コンテクスト）において構築されたもの」であると理解する[1]。このことから，文化は多国籍企業にとって与件ではなく，むしろさまざまな主体の間で「生産され消費される構築物」[2]として位置付けられるのである。

構築主義による文化概念を採用することで，多国籍企業と文化の双方向的な理解が可能になる。多国籍企業は，既存の研究が想定するように，進出先国市場の文化的状況に即して市場戦略を修正するかもしれない。いわば，文化から多国籍企業に向かって影響力の矢印が引かれるような関係である。他方において，多国籍企業が市場競争を繰り広げるなかで，競合他社や消費者，政府，メディアなど他の主体と相互作用した結果として文化に変容をもたらすかもしれない。このことから，先程引いた矢印とは反対に，多国籍企業から文化に向かって影響を及ぼす矢印が引かれるような関係が導かれる。

このように，構築主義から多国籍企業と文化の関係を捉えることによって，各国文化が多国籍企業の市場戦略にどのように影響するかに主眼を置く，アナログ・モデルから抜け出すことができる。同時に，その正反対の理解として多国籍企業が進出先国の文化に一方的に影響を及ぼすという，文化帝国主義的な図式にも陥らずに済むのである。

3.3　文化的意味をめぐる闘争

ただし，主体間での相互作用といった場合，それはブラックボックスのなかで出来上がったり，無機質で機械的な作用によって自然と作り上げられたりするようなものではないことに注意したい。あくまでも，そこに参加する各々の主体による，自らの利益を最大化したり目的を達成したりしようとする戦略的行為を軸として，文化をめぐる交渉や駆け引き，ときには争いが繰り返し行われるプロセスのもとで構築されるという点が重要である。

CSは，構築主義的な観点に立脚しながら，そのようなプロセスを権力関係から捉えようとする。ここでいう権力とは，例えば国家権力という言葉から連想されるような強制的で抑圧的な力だけではなく，社会的行為や社会的諸関係を生み出したり可能にさせたりするものでもある[3]。

CSにおいて，文化の要諦は「共有された意味」であると解される。すなわち，凡そ同じように世界を理解したり解釈したりでき，それを互いに意思疎通できるように表現するとき，換言すれば，文化的な意味を共有するとき，同じ文化に属しているといえる[4]。このことから，事物をどのように意味付けるか，その意味をいかに読解し交換し合うかという，「意味の生産と循環」のプロセスが問題となる。CSでは特に，意味を生成する言語の働きを重視し，言語を通じた意味の生産を表す「意味作用（signification）」を中心に据えてきた。

われわれは，さまざまな事物に意味を付与することによってはじめて，それらを理解できるようになる。このことから，意味は，「われわれが世界を解釈し，それを有意味な方法で分類し，事物と出来事が『意味を為す』上で有益なもの」[5]であると解釈できる。したがって意味は，われわれの思考を枠付けたり，アイデンティティの構築に関与したり，社会的争点を生み出したりするような「現実効果」を持つに至る。

文化的意味は，特定の歴史的文脈や権力関係のもとでの政治的過程を通じて，動態的・重層的に構築される。CSはこの点に注目し，それぞれの主体が自らの「立場性」と連動しながら，各種の「文化装置」を駆使することで，優勢な意味を勝ち取ったり利用したりする過程，あるいは既存の優勢な意味を覆したり変容させたりする過程を明らかにしようと試みてきた。

多国籍企業の市場戦略に引き付けて考えてみると，商品に対する意味付けや意味作用の手段として，文化が記号的に利用される側面があることが理解できる。そして，競合他社をはじめとする他の主体との間で，優勢な意味を勝ち取るための闘争を通じて，文化を変容させたり新たな文化を創り出したりする側面を見出すことが可能になる。以上の論理を踏まえると，多国籍企業は，文化を構築する１つの主体であると理解することができる。

4 CCTからの照射

4.1 CCTの研究領域

4.1.1 CCTの問題意識と４つの領域

「消費文化理論」という名称を公表し，またその名を世に広めたアーノルド&トンプソン［2005］には，CCTの問題意識と研究の方向性が明記されている。アーノルドらは，消費の社会文化的，経験的，シンボル的，イデオロギー的側面に関する研究が1980年代から蓄積されてきたことを指摘し，それらを消費文化理論と総称することを提案した。彼らによれば，CCTは，消費者の行為，市場，文化的意味の間の動態的な関係を探究するものである。そのため，グローバリゼーションと市場資本主義という社会歴史的な枠組みのなかの，意味の不均質な分布と重なり合う文化集団の多様性を描き出すことが志向される。さらに，消費文化の特定の表出が，より広範な歴史的諸力のなかでどのように構成され，維持され，変容され，形成されるかを分析することが目指されるのである。このように彼らは，研究の目的を明記した上で，CCTの研究領域を次の４つに類型化した[6]。

１つ目は，「消費者アイデンティティプロジェクト」である。この領域で消費者は，市場のなかで自らのアイデンティティを求めると同時に，それをつくり出す存在であるとされる。また，市場は消費者のアイデンティティ形成にとって必要な素材を提供する反面で，消費者は各々の立場を通じて個人的な目標を追求しつつ，それらの素材を個人化する。２つ目は，「市場文化」である。この領域に当てはまる研究は，消費者を文化の生産者であると位置付ける。その上で，消費文化が特定の環境のなかで具現化されるプロセスと，そのプロセスが消費文化を経験する人々に与える影響を解明しようと試みる。３つ目は，「消費の社会歴史的なパターン化」である。階級やコミュニティ，民族，ジェンダーのような，消費に影響を及ぼす制度的・社会的構造が研究の的となる。すなわち，消費社会とは何か，それがどのように構成され維持されているのかが問題となる。４つ目は，「マスメディアによる市場イデオロギーと消費者の解釈戦略」である。ここでは，アイデンティティや理想とするライフスタイルに関する支配的な表現に対して，消費者が主体的にどのように反応し，イデオロギーを形成するかが問われる。

これら4つの研究領域は，消費者あるいは消費文化が直接的な対象となっているため，一見すると企業の存在が後景化されており，したがって多国籍企業との繋がりも不明瞭になっている。しかしながら，次項で検討する「中間領域」を見てみると，市場における企業の活動がより前面に押し出され，消費者との相互作用が意識されていることが分かる。

4.1.2　CCTにおける4つの中間領域

前項のようにCCTの問題意識が明確化され，4つの領域に類型化されたものの，2年後に公表されたアーノルド&トンプソン［2007］では，2005年の論文が再検討され，新たなフレームワークが提示されている。

CCTという名称を世に問うて以降，想定外の反響とともに，さまざまな誤解や懸念が示されてきたという。それは，CCTがまるで統一的な理論であるかのように受け取られたことであった。しかしながら，アーノルドらによれば，理論とはそもそも多義的なものであり，CCTもまた統一された理論的命題のシステムではありえないという。したがって，より適切な用語は「消費文化理論群（consumer culture theoretics）」であったかもしれないと述べている。

別の懸念として，CCTの領域を4つに区分したことによって，むしろ消費文化研究を制限し，それらのカテゴリーに該当しない研究を排除してしまうのではないかという意見が寄せられた。彼らは，4つの研究領域の相互関連性については論じたつもりであったが，その中間的な繋がりについては不十分であったことを認め，中間領域を新たに書き加えることで，**図表7-1**のように枠組みを修正した。それぞれの中間領域を確認しよう。

図表7-1　CCT：理論的関心の共通構造

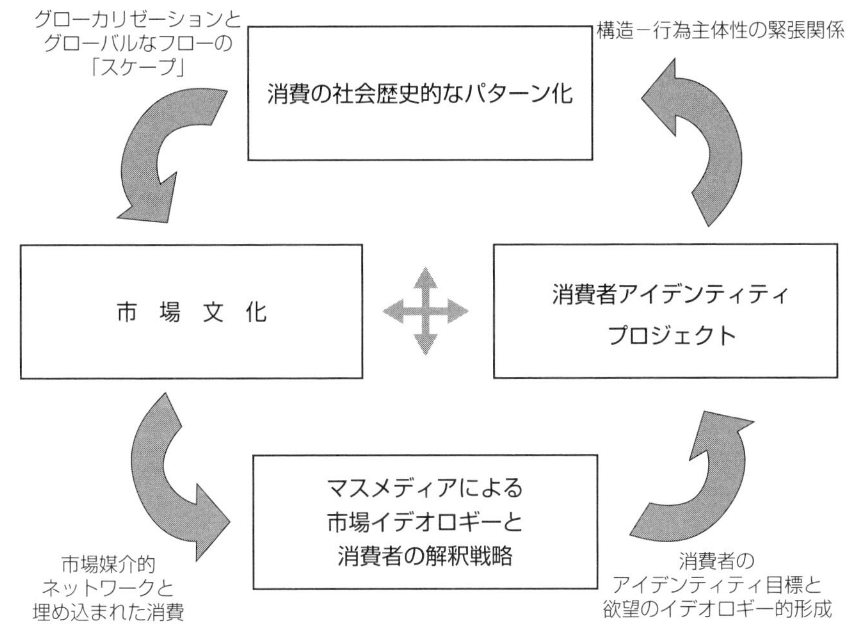

出所：Arnould & Thompson［2007］, p. 10より一部抜粋。

1つ目は，「消費者のアイデンティティ目標と欲望のイデオロギー的形成」である。これは，「マスメディアによる市場イデオロギーと消費者の解釈戦略」と「消費者アイデンティティプロジェクト」の中間領域として設定されている。この中間領域で強調されるのは，消費者を，支配的なイデオロギーや文化産業に隷従する存在でも，その反対に何ものにも囚われない自由な選択を行使する存在でもなく，むしろイデオロギーとの対話を行う存在として描き出す点である。すなわち，支配的なイデオロギーによる文化的枠組みとの対話的関係のなかで，消費者が主体性を発揮しつつ，自らのアイデンティティ目標を追求するという，複雑で両義的なダイナミズムを捉えようとするのである。このことから，消費者の行為主体性（agency）は，競合するイデオロギー・システムと権力的言説のなかからしばしば偶発的に選択されるものであると理解されるのである。

2つ目は，「構造―行為主体性の緊張関係」である。この領域は，「消費者アイデンティティプロジェクト」と「消費の社会歴史的なパターン化」の間に位置する。ここでは，社会的再生産とアイデンティティの変容が問題化される。つまり，各消費者は，階級やジェンダー，エスニシティといった，多様な社会構造を背景とする内面化や習慣化を超越するために，消費文化を利用することができるのかという問題である。やはり第1の中間領域と同様に，社会的に決定されるものでも，個人が自律性を完全に発揮してアイデンティティをつくり上げるのでもなく，両者がいかにして相互作用しながら社会的再生産が行われるかという視点から論じられる。

3つ目は，「消費の社会歴史的なパターン化」と「市場文化」の中間領域である，「グローカリゼーションとグローバルなフローの『スケープ』」である。この中間領域では，グローバル構造とローカル文化・経済の相互浸透を意味する，グローカリゼーションが中心的な関心事となる。特に，次項で取り上げるアパデュライの5つのスケープやフローなどの概念を用いながら，意味のシステムと制度に関するグローバルとローカルの間の緊張関係を紐解くことが目指される。

4つ目は，「市場文化」と「マスメディアによる市場イデオロギーと消費者の解釈戦略」を繋ぐ，「市場媒介的ネットワークと埋め込まれた消費」である。アーノルドらによれば，CCTにおいて2つの概念をめぐる議論が重要になっているという。それは，文化を動態的なネットワークとして捉える視点と，社会的行為をローカルな制度的構造への埋め込みであると理解する視点である。この中間領域に該当するCCTの研究では，これら2つの視点を基礎として，交換ネットワークが，社会的諸関係，行為遂行的アイデンティティ，社会的諸実践，消費者経験をどのように媒介するかを探究している。例えば第4章でも言及されたホルト［2004=2005］は，ブランドの意味が，特定の国や時代の文化的状況，神話市場，イデオロギーを通じて形成されることを示した。

4.2　グローバルな文脈における消費文化

以下では，4つの中間領域を念頭に置きつつ，グローバルな文脈のなかで消費文化がどのように研究されてきたかについて見てみよう。ただし，先述したように，CCTは統一された体系的な理論を示すものではないため，すべてを網羅することは不可能である。そこで，CCTにおいてグローバリゼーションと消費文化が議論される際に頻繁に登場する３つの代表的な研究[7]に限定し，それぞれの論者が何に注目し，どのように論じたのかを要約する。

4.2.1　アパデュライの「５つのスケープ」

グローバリゼーションのもとで文化がますます流動的で断片的になっていることを指摘したのが，アパデュライ［1990］による著名な論考である。彼は，文化の均質化と異質化の緊張関係を，グローバルな相互作用の中心的問題であると設定した上で，その要因を経済・文化・政治間の根本的かつ乖離的な（disjunctive）秩序に求めた。そして，このような乖離構造を分析するための枠組みとして，グローバルなレベルでの文化のフローを５つの「スケープ」に類型化した。

エスノスケープは，観光客，移民，難民，亡命者，外国人労働者などの，われわれが暮らす世界を構成する人々の地景（landscape）である。テクスケープは，ロー・テクノロジーからハイ・テクノロジーまで，そして機械技術から情報技術までを含みながら境界を越えて移動する，グローバルで流動的な布置を意味する。フィナンスケープは，グローバル規模で急速に移動する巨額な資本のフローである。アパデュライによれば，これら三者は深く乖離しており，かつ予測不可能な関係にあるという。その上に構築されるのが，メディアスケープとイデオスケープである。前者は，世界的に流通する情報の生産と拡散の分布を示す用語であり，またさまざまなメディアによって創り出される世界的なイメージでもある。後者もイメージの連鎖であるものの，より政治的なイメージであり，権力の獲得を志向する社会運動にしばしば関連するものである。

５つのスケープを論じるなかでアパデュライが強調するのは，その各々が独自の制約と誘因を持つと同時に，他のスケープに対する制約や規定要因として機能するため，乖離すると同時に予測不可能なものになっているということである。そして，グローバルな文化プロセスにおける光と影の両面は，それぞれのグローバルなフローの間の根本的な乖離と，そのような乖離によって生み出される不確実な地景を舞台とする，同一性と差異性が無限に変化するような相互の争いの所産であると，結論付けられている。

4.2.2　ウィルクの「共通差異のグローバル構造」

ウィルク［1995］は，ベリーズにおける美人コンテストを題材として，「共通差異のグローバル構造（global structure of common difference）」という概念を提唱した。美人コンテストは，一方ではローカルな制度や歴史，社会的諸関係の中に埋め込まれて固有の意味を与えられるが，他方ではグローバルなレベルにおいて，予測可能かつ統一的な方法でローカル間の差異を創り出してもいる。この矛盾について，多様性の複製がいかにして同質性を生み出すのかという観点から考察がなされた。

ウィルクが発見したのは，グローバルな文化システムが，画一化を推し進めることで文化的差異を抑圧するのではなく，むしろ多様性を組織化することで差異を顕わにするという，逆説的な論理であった。彼によれば，グローバルな文化システムのヘゲモニーは，その内容にではなく形式にこそあり，さまざまな文化的差異が定義されうる普遍的なカテゴリーと基準を提示することにあるという。言い換えるならば，世界的に共通する枠組みを提供することで各々の文化を比較可能な形に編成し，互いの違いをより理解しやすい形で描き出したり演出したりする，基準や枠組み，参照点になるということである。したがって，各文化が個性を発揮することで多様性が維持されているように見えるかもしれないが，それはあくまでも共通の枠組みのなかで色彩を放っているに過ぎず，差異が顕在化する次元は限定されている。

ウィルクはいう。「グローバル化するヘゲモニーは，特定の種類の多様性を称賛する一方で，それ以外の多様性を沈め委縮させ抑圧するような，共通する差異の構造の中に見いだされるべきである」[8]と。このことから，ローカルやエスニシティ，ナショナルといった概念は，グローバルな文化に対立したり抵抗したりするものではなく，むしろその本質的な構成部分となるのである。

美人コンテストに限らず，グローバルな構造を持つコンテストやコンクールは，ローカル間の差異を議論し表現するための共通のチャネルと焦点を提供する。それは，さまざまな地域の特性や政治団体，階級などを取り込むがしかし，限定された特定の種類の差異に目を向けさせながら，そうではない差異を見えなくさせ曖昧にしてしまう。さらに，その選別された差異を本質化し，客観的かつ正統的な測定可能な特性として描き出す，とウィルクは主張する。

4.2.3 トンプソン&アーセルの「ヘゲモニー的ブランドスケープ」

トンプソンら［2004］は，グローバル・ブランドが，消費者のグローカリゼーション体験にどのように影響するかについて検討した。そのために彼らは，グローバル・ブランドとしてスターバックスを念頭に置きつつ，ローカルなカフェを選好する消費者を対象に調査を行った。その結果，スターバックスに対する反応によって，２種類の集団があることを発見した。

１つ目の集団は，「カフェ・フラヌール」である。この集団は，スターバックスの市場支配力の源泉を顧客サービスや品質の高さにあると理解する。その一方で，確かに快適ではあるが，画一的で平凡な文化空間であるとも考えている。そのため，ローカルなカフェを利用する理由は，あくまでも美学的な動機に基づくものであり，そこで味わうことのできる独特の雰囲気や刺激，あるいは店主の価値観への共感などが誘因になっている。

もう１つは，「反抗的ローカリスト」と名付けられた集団であり，スターバックスをローカル文化への侵略者であり，ローカルな競争相手を排除する存在であると見なす。したがって，彼ら／彼女らがローカルなカフェを利用するのは政治経済的な動機からであり，自分たちの社会的価値や政治的主張を擁護してくれる場所であると認識するのである。すなわち，グローバル企業の権力に反対することで，公正で持続可能な経済を実現し，商業化による疎外的な力に対抗しようとする同士たちが集まる，連帯の場であると考えているのである。

このように，アンチ・スターバックスの言説がローカルなコーヒーショップ文化の一部になっており，利用する顧客にとって，利用目的や意味を理解するための解釈枠組みとして機能していることが発見された。その言説は，カフェ・フラヌールと反抗的ローカリストの違いに見られたように，画一的な反応を惹起するのではなく，むしろそれぞれの消費者集団によって異なる利用方法や反応を生み出していたのである。

この現象を説明するために提示されるのが，ウィルクの研究を応用した「ヘゲモニー的ブランドスケープ」という概念である。消費者研究においてブランドスケープという用語が持ち出される場合，消費者が個人的な意味とライフスタイルを積極的に創造することが強調される。しかし，トンプソンらはこの消費者中心の概念を再定義し，覇権的なブランドが，経験経済市場を構造化するのみならず，消費者が行動したり考えたり感じたりする際の文化モデルとして機能する側面，またそのことを通じて，消費者のライフスタイルやアイデンティティを形成する側面があることを明言したのである。

以上に紹介してきたように，いずれの研究においてもグローバル文化の浸透かローカル文化による対抗かという二項対立の論理に陥ることなく，両者の相互浸透をいかに分析するかが志向されている。このことは，グローバリゼーションと消費文化の関係を探求する他のCCT研究者にも多かれ少なかれ共通してみられる特徴であり，とりわけグローカルという場において消費者がいかなる経験をするのかが中心的に問われている。例えば，コスクネル・バリら［2018］は，本項で取り上げてきた諸論文を含むさまざまな研究を整理しながら，グローバリゼーションを背景とする消費文化について検討した。彼らの論文においても，グローバルな均質化かローカルな流用かという二者択一の枠組みを超えることが目指されており，フロー，グローカリゼーション，ハイブリッド性，脱領土化，再領土化などの概念を取り入れながら，文化的同質性と異質性の関係性について考察されている。

5　多国籍企業研究におけるCCTの意義と今後の研究課題

5.1 多国籍企業の市場戦略におけるCCTの意義

前節で確認した4つの中間的領域を念頭に置いたとき，そこに多国籍企業研究との多くの重なりを見出すことができる。また，グローバルとローカルの，あるいは多国籍企業と消費者の相互作用を明らかにしようとする際に，有用な視点や素材をもたらすと考えられる。

例えば，「消費者のアイデンティティ目標と欲望のイデオロギー的形成」に関する研究成果からは，多国籍企業が提示する文化的・イデオロギー的枠組みと消費者の相互作用に関する知見が得られるだろう。同様に，「構造―行為主体性の緊張関係」からは，多国籍企業を含む行為者間での社会的再生産について，「グローカリゼーションとグローバルなフローの『スケープ』」からは，多国籍企業が有するグローバル性と現地市場が保持するローカル性のダイナミズムについて，そして「市場媒介的ネットワークと埋め込まれた消費」からは，多国籍企業によって商品に付与された意味がローカルな市場やコミュニティなどにどのように埋め込まれながら消費されるかについて，より実りある議論を展開することができるに違いない。

こうした問題意識の重なりに加えて，多国籍企業の市場戦略を研究する際に，CCTから3つの貢献が期待できる。

第1に，文化の動態的側面へのまなざしである。すなわち，従来の研究が前提としてきた，国民国家によって文化を区分するとともに，静態的で均質的な側面を重視する姿勢とは異なり，文化の複雑かつ多様で動態的な姿を明らかにしようとする点である。とりわけCCTは，消費者に対する鋭い洞察と丹念な質的調査を通じて，彼ら／彼女らが商品をどのように解釈し，いかなる文化的意味を付与するのかを解明してきた。したがって，消費者による経験や解釈を通じて文化がどのように変容させられうるのかが理解できるようになる。

第2に，多国籍企業と消費者の相互作用を明らかにできることである。この点は，ひいては多国籍企業の社会的・文化的影響に関する考察にも繋がる。前節で取り上げたCCTの研究者が繰り返し述べていたように，多国籍企業による植民地化でも，「自由」な消費者による選択でもなく，両者の相互作用というダイナミズムを捉えられる可能性が開かれる。

第3に，多国籍企業と消費者の反復的な相互連関を射程に収めることができる点である。多国籍企業の市場戦略は決して一度限りの試みではなく，消費者の反応を引き起こし，それが企業側にフィードバックされ，次なる戦略が打ち出されるという反復的なプロセスである。CCTによる消費者や消費文化の分析を通じて，多国籍企業の市場戦略に対して，消費者がどのような反応を示したのか，商品に対してどのような意味付けを行ったのかを明らかにすることができる。そこで，そのような反応を基に，多国籍企業は次にどのような市場戦略を企図し遂行したのか，という問題設定が可能になり，時間軸に沿った一連の対話的なプロセスを追究することができるのではないだろうか。

5.2　今後の課題

CCTと多国籍企業研究は多くの点で重なり合い，かつ互いに貢献し合える関係にあることは間違いない。しかしながら，両者がさらなる相互交流を図りながら，市場における多国籍企業行動の解明に資するためには，まだいくつかの課題が残っているように思われる。ここでは，2つの課題を示すことで本章の締めくくりとしたい。

その1つは，消費文化や消費者行動を前景化することと関連する課題である。消費者の解釈や行為が強調されるあまり，消費者を中心とする還元主義に陥ってしまったり，あたかも消費文化が本質的に存在するように理解してしまったりする陥穽がありうる。確かにCCTでは文化の動態性や複雑性が議論されてきたものの，それを消費者の解釈戦略やアイデンティティ・プロジェクトの帰結であるとするならば，企業の存在が後景化されてしまいかねない。第3節で述べたように，相互作用という視点は重要であるが，それを消費者に還元したり，自然的で機械的な作用であると見なしたりすれば，多国籍企業の戦略的行為や消費者に対する影響を過小評価することに繋がってしまう。

例えば，ある消費文化が顕在化し，そこに一定のパターンが見られたとしても，それはあくまでも文化的意味をめぐる多国籍企業と消費者を含んだ，多様な主体や制度との交渉・折衝・闘争のプロセスの結果でしかない。したがって，なぜそのようなパターン化された消費文化が，どのような装置を通じて，いかなる闘争のもとで再生産されているのかを探求する視点を常に保持し続ける必要があるだろう。

もう1つは，上述した内容とも関連するが，権力の問題をどのように位置付けるかという課題である。これまで幾度となく述べてきたように，CCTは文化の動態性を強調し，企業と消費者やグローバルとローカルの緊張関係を把握しようと努めてきた。ただし，多国籍企業の市場戦略やその影響力を分析しようとすれば，それぞれの主体が個別に各々の論理にしたがって相互作用するというよりも，CSが主張するように幾重にも交差する権力関係や意味をめぐる闘争という政治的過程に踏み込んで考察する方が望ましいように思われる。

例えば吉見［1999］は，アパデュライの研究を，グローバルかローカルかといった二項対立的な見方を超越できる点で有益であると評価する一方で，グローバル化をめぐる権力の問題が置き去りにされる危険性があることを指摘する。すなわち，アパデュライが諸地景のありようを自律的なものと見なしているため，地景間の構造的な関係を問題化できず，権力がどのように作動し，地景のなかに巻き込んでいくのかに関する考察が十分ではないというのである。

そして，問われるべきは，二項対立を超克しつつ，「多層的で分裂的な変容のプロセスというグローバル化」を，「その諸地景が内包し，また諸地景相互間に内包される権力の重層的な機制」という視角から理解することであるという。その意味において，グローバル文化がローカル文化を一方的に植民地化することを主張する文化帝国主義のような議論には与しないけれども，グローバル下での「複合的な帝国主義的権力の構造と結びつけて考えてゆく可能性」[9]までを棄却すべきではないと主張するのである。

まさに，このような重層的な権力構造のなかで極めて重要な役割を果たすのが，多国籍企業である。上述した視点に基づいて多国籍企業の市場戦略を追究するためには，CCTが長年にわたって取り組んできた，消費者に対する粘り強く丹念な調査に加え，CSなど隣接諸分野の成果を採り入れた理論研究が求められる。それと同時に，CCTのなかでも時折触れられてきた，権力やイデオロギーといった概念をより深く検討し，CCTの分析枠組みのなかに位置付け直す必要があるのではないだろうか。

<注>

1　中谷［2001］，114頁。
2　佐藤・吉見［2007］，13頁。
3　Baker［2004］，p. 146.
4　Hall, S.［2013］，pp. xviii-xi.
5　ドゥ・ゲイ［1997］，訳書17頁。
6　４つの領域の訳出にあたっては，吉村［2017］を参照した。
7　アパデュライとウィルクについては，一般的には文化人類学や社会学に該当すると見なされることから，厳密にはCCT研究者とはいえないかもしれない。しかし，CCTにおいてグローバルな文脈で消費文化が語られる際に頻繁に取り上げられ，また彼らの理論がそうした研究の基礎になっているため，本章で取り上げることにした。
8　Wilk［1995］，p. 118.
9　吉見［1999］，301-302頁。

<参考文献>

Aaker, D.［2018］*Creating Signature Stories: Strategic Messaging that Persuades, Energizes and Inspires*, Morgan James Publishing.（阿久津聡訳『ストーリーで伝えるブランド』ダ

イヤモンド社，2019年）
Appadurai, A.［1990］Disjuncture and Difference in the Global Cultural Economy, *Theory, Culture, and Society*, Vol.7, pp. 295-310.
Arnould, E. J. & Thompson, C. J.［2005］Consumer Culture Theory（CCT）: Twenty Years of Research, *Journal of Consumer Research*, Vol. 31, pp. 868-882.
Arnould, E. J. & Thompson, C. J.［2007］Consumer Culture Theory（and We Really Mean Theoretics）: Dilemmas and Opportunities Posed by an Academic Branding Strategy, *Research in Consumer Behavior*, Vol. 11, pp. 3-22.
Baker, C.［2004］*The Sage Dictionary of Cultural Studies*, Sage.
Cateora, P. R. et al.［2020］*International Marketing*（18th ed.）, McGraw-Hill.
Coskuner-Balli, G. & Burcak E.［2018］Glocalization of Marketplace Cultures, in E. J. Arnould & C. J. Thompson（eds.）, *Consumer Culture Theory*, Sage, pp. 126-150.
Du Gay, P. et al.［1997］*Doing Cultural Studies: The Story of the Sony Walkman*, Open University.（暮沢剛巳訳『実践カルチュラル・スタディーズ』大修館書店，2000年）
Gillespie, K. & Hennessey, D. H.［2016］*Global Marketing*（4th ed.）, Routledge.
Hall, E.［1976］*Beyond Culture*, Anchor Books.（岩田慶治・谷泰訳『文化を超えて』TBSブリタニカ，1979年）
Hall, S.［2013］Introduction, in S. Hall, J. Evans, & S. Nixon（eds.）, *Representation*（2nd ed.）, Sage, pp. xvii-xxvi.
Hofstede, G.［1980］*Culture's Consequences,* Sage.（萬成博・安藤文史郎監訳『経営文化の国際比較』産業能率大学出版部，1984年）
Holt, D. B.［2004］*How Brands Become Icons*, Harvard Business School Press.（斉藤裕一訳『ブランドが神話になる日』ランダムハウス講談社，2005年）
Holt, D. B.［2020］Cultural innovation, *Harvard Business Review*, 98（5）, pp. 106-115.（東方雅美訳「カルチュラル・イノベーション：機能ではなく物語で価値を提供する」『ダイヤモンド・ハーバード・ビジネス』2021年4月号，34-47頁）
Keegan, W. J. & Brill, E. A.［2014］*Global Marketing Management*（8th ed.）, Pearson.
Nakata, C. C.［2003］Culture Theory in International Marketing: an Ontological and Epistemological Examination, in *Handbook of Research in International Marketing*, S. C. Jain（ed.）, Edward Elgar, pp. 209-227.
Nakata, C. C. & Izberk-Bilgin, E.［2009］Culture Theories in Global Marketing: a Literature-based Assessment, in C. C. Nakata（ed.）, *Beyond Hofstede*, Palgrave Macmillan, pp. 61-77.
Thompson, C. J. & Arsel, Z.［2004］The Starbucks Brandscape and Consumers'（anticorporate）Experiences of Glocalization, *Journal of Consumer Research*, Vol. 31, No. 3, pp. 631-642.
Triandis, H. C.［1989］The Self and Behavior in Differing Cultural Contexts, *Psychological Review*, Vol. 96, pp. 506-552.
Wilk, R.［1995］Learning to Be Local in Belieze: Global Systems of Common Difference, in D. Miller（ed.）, *Worlds Apar: Modernity through the Prism of the Local*, Routledge, pp. 110-133.
内田和成［2016］『物語戦略』日経BP社。
佐藤健二・吉見俊哉［2007］『文化の社会学』有斐閣。

中谷文美［2001］「〈文化〉？〈女〉？—民族誌をめぐる本質主義と構築主義」上野千鶴子編『構築主義とは何か』勁草書房，109-137頁。
上原聡［2015］『文化視点のマーケティング論』同友館。
延岡健太郎［2011］『価値づくり経営の論理』日本経済新聞社。
吉見俊哉［1999］「グローバル化のなかの文化概念」油井大三郎・遠藤泰生編『多文化主義のアメリカ』東京大学出版会，283-303頁。
吉村純一［2010］「消費文化理論がマーケティング研究にもたらすもの」『熊本学園商学論集』第16巻第1号，13-29頁。
吉村純一［2017］「消費文化理論と流通機構の解明」木立真直・佐久間英俊・吉村純一編『流通経済の動態と理論展開』同文舘出版，68-87頁。

第8章

インターネット時代の消費文化と消費者情報システム

1　インターネット時代のスマートな消費文化

インターネット時代の消費は「スマート」なもので溢れている。スマートフォンやスマートウォッチなどのデジタルデバイスはもちろんのこと，それに連動したスマート家電，スマート住宅，さらに近年では，スマートミュージック，スマートニュース，スマート就活，スマート婚活などのサービスも提供されている。このように，現在の消費においては「スマート」に生活することが究極的な価値となっており，インターネットのテクノロジーと結びついた「スマートな消費文化」が形成されている。

「スマート」とは，文字通りに解釈すれば「賢さ」という意味になる。しかし，インターネット時代の消費の「賢さ」は，これまで消費者政策論などで議論されてきた，自らが置かれている消費のコンテクストを意識的に対象化し批判的に捉え直そうとする「賢い消費者論」の「賢さ」とは意味が大きく異なる。戸谷［2022］によれば，現在の消費の文脈で用いられている「スマート」なものの「賢さ」とは，余計なものを徹底的に排除し，消費者を受動的な存在にする「最適化の思想」であるとし，次のように述べる。

> 私たちがあるテクノロジーをスマートだと感じるのは，そのテクノロジーを使用する際に，そもそも私たちが何も考えなくてもよいときである。自分で何かを思案したり，選択したりしなければならないものは，スマートではない。自

分が望むだろう事柄を，先回りして達成したり，提案したりしてくれるテクノロジーこそが，スマートなのである。そのとき人間は文字通りただ受動的なだけの存在になる。（戸谷［2022］，41-42頁。）

インターネット時代の「スマートな消費文化」においては，「考えること」や「選択すること」を惹起させるのものは「余計なもの」として排除され，「考えないこと」や「選択しないこと」に価値が置かれている。つまり，現在の消費者は「『考える』ためではなく，『考えない』ためにインターネットを用い」（宇野［2020］，185頁）ており，予測可能な環境を反復的に形成してくれるテクノロジーを「スマート」なものとして受容しているということである。ここでの消費者は，「考えないこと」や「選択しないこと」を積極的に求めており，いうなれば，能動的に受動的な存在となっている。

本章の目的は，こうした消費がなぜ生じているのかを，社会経済的な視点，とりわけマーケティング競争と情報流通の関係から分析し，消費者情報の公共化について検討することにある。そのために，まずは商業経済論の理論を基に，独占段階における情報流通の変化と消費者情報システムの自立化論について論じる。その後に，インターネット時代を生きる「選んでいる人」としての消費者が能動的に受動的な存在となり，商業監視が形成する「消費のトレッドミル」に捕捉される問題を論じる。最後に，以上の議論を踏まえたうえで，現代流通における消費者情報の公共化の可能性を検討する。

2　独占段階における情報流通の変化と消費者情報システムの自立化論

2.1　商業の社会性とマーケティングの私性の矛盾

商業経済論においては，商業の存立根拠は売買の集中による社会的流通費用の節約によって説明される（森下［1977］）。商業者は特定の生産者の販売代理人ではなく，不特定多数の生産者の販売代理人であることによって，手元に多種多様な商品を集めることができる。その結果，多くの消費者を引きつけ，商業者は不特定多数の消費者の購買代理人としての役割も果たすようになる。この特定の生産者から独立している商業者の性格を「商業の社会性」と呼ぶ。この社会性によって，商業者の手元には多数の売買が集中し流通における費用は社会的に節約される。この働きを「売買集中の原理」と呼び，商業経済論は商業の社会性に基づく売買の集中という社会化された価値実現操作に商業の存立根拠を求める。

しかし，この商業の社会性は，独占段階において現れるマーケティングと呼ばれる「独占資本の市場獲得，支配の活動」（森下［1993］，134頁）によって制限される。それは，生産と消費の矛盾によって生じた市場問題を排他的・競争的に解決しようとするマーケティングの「個別的立場が，商業資本に本来的な社会的性格，したがってそれがもっている社会化された価値実現操作と矛盾する」（風呂［1968］，136頁）からである。そこで，商業者の「売買の集中という形をとおしての社会的価値実現操作への依存から決別し，個別的価値実現の途を確立」（石原［1982b］，35頁）しようとする。これによって，商業排除傾向が強まり，直接的に市場（消費者）と結びつこうとする流通の配給過程化が進む（森下［1977］）。

しかし，この流通の配給過程化によって，商業排除は完全に進むわけではない。なぜなら，「もし，商人の価値実現操作の社会的性格を極力追放し，それを個別に支配することによって自らの製品の差別化された価値実現をはかることができるならば，産業資本家にとっては，なにもあえて商人の存在そのものを拒否する必要はない」（風呂［1968］，142頁）からである。

例えば，ブランドの確立，ないしは「製品差別化と広告に基礎づけられた競争的使用価値の確立は，価値実現過程を個別化するための物質的基礎」（石原［1982b］，38頁）となる。それによって，消費者との間に個別的な関係を構築することができれば，商業者はそのブランドを優先的に取り扱わざるをえなくなり，商業の社会性は間接的に制限される。それは，「一方では自己製品の差別化された価値実現を確保し，他方では商人を市場危険の緩衝帯として利用することであるから，商人依存からの決別よりもはるかに現実的で高等な打開策」（風呂［1968］，142-143頁）となる。

つまり，配給過程化の内実は，マーケティングの個別性の要求によって商業の社会性が制限される「『犯された』商業の下での商品資本の流通」（石原

［1982b］，27頁）ということである。それゆえ，マーケティングによる個別性の要求は「商業が『犯されている』度合いに依存する」（石原［1982b］，27-28頁）。

2.2　独占段階における情報流通の変化

マーケティングによって商業の社会性が制限されるようになると，情報流通のあり方も決定的に変わる。商業が中心となって担っていた流通は，情報懸隔を架橋し取引を促進するための有効な制度であった。それは，売買の集中は，同時にそれに密着した情報も集中させていたからである。これについて，田村［1980］は「情報縮約・斉合の原理」という独自の理論を提示し，売買の集中による「社会的品揃え物の形成は，財取引にかんする生産部門と消費部門の情報を縮約し，それらを斉合することによって取引を促進」（71頁）する役割を果たしていたとする。

この売買の集中によって形成される社会的品揃え物は，「生産部門における複数の生産者の財の比較情報」（田村［1980］，71頁）を提供する伝達媒体であり，情報流通においても特異な位置を占めている。言うまでもなく，このような比較情報を提供することができるのは，商業者が不特定多数の生産者の販売代理人であるからである。つまり，「商業者はその社会性によって『比較情報』を提示する」（田村［2002］，176頁）ことができるのであり，これは個別的な生産者によって提示することはできない。ここで重要なことは，情報流通において，商業の社会性を基にした売買の集中は「個別的な生産主体から独立した中性的な比較情報の発生過程」（石原［1983］，７頁）となっていたことである。この点に，商業者が提供する情報の特異性がある。

しかし，商業者が提供する中性的な比較情報は，マーケティングにとっては個別的な価値実現を妨げるノイズとなるため，直接的・間接的に制限されることになり，私性が巧妙に隠蔽された「犯された」比較情報に転化する。例えば，チャネル政策によって「インセンティブを各生産企業が有意に操作しうるようになれば，商人の『中立性』のもつ意味は大きく制約」（石原［1983］，９頁）され，特定のブランドに偏った情報が消費者に提供されるようになる。そうなると，中性的情報の発生源であった場は，「私的利潤追求のためにゆがめられた情報効果活動の場」（飯尾［1975］，132頁）に転化する。また，この「極限状態においては，商人はもはや中性的情報の発生源であるどころか，第一次的情報源から発せられる情報のたんなる伝達媒体に転化する」（石原［1983］，9頁）。このように，商業者が提供する中性的な比較情報はマーケティングの私的な性格によって程度の差はあれ「犯される」ことになる。

さらに，情報手段が発達し，売買から切り離して情報を個別に流通させることができるようになると，生産者は商業者を媒介にした間接的な情報ルートではなく，消費者との直接的な情報ルートを設定しようとする。例えば，「流通チャネルから分離した情報ルート，つまり広告を打つことによって直接消費者のなかに自社ブランドの確立をはかろうとする」（田村［2002］，178頁）。

しかし，この生産者によって設定された直接的な情報ルートは，商業者を媒介にした間接的な情報ルートとは，その情報の性格が決定的に異なることに注意しなければならない。それは，前者で流通するのは，「第一次的情報源のバイアスをうけたままでの情報であり，情報流通過程はその中にそのバイアスを中性化させるような第二次的情報源をもっていない」（石原［1983］，7頁）ことである。そのような私的な情報が競争を媒介にして，各々の生産者から際限なく発信されるようになると，情報の流通量は飛躍的に増大し，消費者は情報洪水のなかで絶えず情報処理に迫られることになる。もちろん，それは社会的に有効な情報流通のあり方だとはいえないが，マーケティングが市場問題を排他的・競争的に解決しようとする限り，このような私的な情報ルートを直接的・間接的に設定しようとする試みは断念されることはない。

2.3　消費者情報システムの自立化論

マーケティングによって商業の社会性が制限されている状況においては，中性的な情報は商業者以外の手によってつくりださなければならない。この問題は，石原［1983］が早くから提起しており，「公共機関の情報流通における役割は，これからも強まりこそすれ，弱まることはないであろう」（9頁）と指摘していた。しかし，問題はそれをどのような主体が自立的に担うかということであり，それを導く理論を展開する必要がある。

これについて，江上［2003］は消費者が主体となった非営利組織（NPO）

による「消費者情報システム」の自立化論を展開する。こうした「消費者団体は経済的にも活動においても中立的に自立し」(261頁）ており，マーケティングの私的な個別性の要求を社会化するための拮抗力となる。そのイメージは，**図表8-1**のように示される。

図表8-1　消費者情報システムの役割と位置

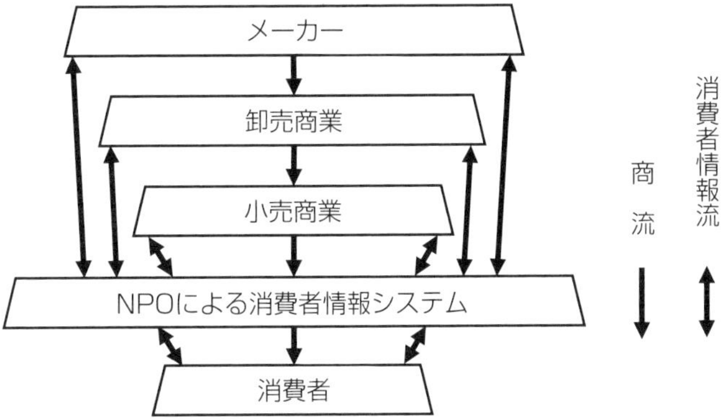

メーカー
卸売商業
小売商業
NPOによる消費者情報システム
消費者
商流
消費者情報流

出所：江上［2003］，266頁。

この消費者情報システムの自立化論の鍵になるのは，流通の末端に位置する消費者側からの「押し出し」である。江上［2003］は商業経済論で展開された商業資本の自立化論を下敷きにしながら，社会的な消費者情報システムの自立化においては，「消費者の側からの『押し出し』も積極的に想定」(260頁）しなければならないとする。それは，産業資本側が商業資本を押し出すのは「経済的論理」によるものであるが，消費者側においては「消費生活が『経済的論理』と『生活の論理』が混在して」(同上）おり，社会的な消費者情報システムの「押し出し」はその混在から生まれるとするためである。それゆえ，江上［2003］は消費者側からの「押し出し」の圧力は，マーケティングの「父権的統制（Paternalism)」に対する消費者の「批判的な精神や意識」(263頁)，「消費者の生活主義に向けての主体的な意識と行動に求めることになる」(266頁）とする。

この消費者の両価性は，上原［1999］においても論じられており，それを「勤労主義」と「生活主義」の対立と捉えている。上原［1999］によれば，勤労主義とは「消費者が企業によって提供されるオファー（企業が提供する製品・サービス）から得られる情報に依拠して生活の展開を図る」（257頁）ことであり，生活主義とは「消費者が，企業のオファーからヒントを得て生活を展開するだけではなく，自己の生活に主体的に問いかけ，それを独自に編成し直す，といった意味で，生活の自己組織性を強めていく」（同上）ことだとしている。さらに，この消費者の両価性は「生活主義に移行することが予想されると同時に，すでにその兆候が現れてきている」（同上）とする。

こうした生活主義の芽生えは，マーケティングの私性に対する消費者の「抵抗力」の発現として捉えることができる。石原［1982a］によれば，「他ならぬ企業の説得活動が消費者のそれへの抵抗力をきたえあげ，それ自身の限界をつくりだす」（65頁）とする。ハーシュマンとロナルド（Hirschman & Ronald［1980］）は消費者と接する小売商を資本の論理と生活の論理の間に立つ「ゲートキーパー」として位置づけていたが，消費者情報システムの流通に占める位置もこれと同じであり，消費者の「抵抗力」は流通の末端から「押し出し」を生み出す圧力となる。

3　インターネット時代の消費者理解と商業監視の進展

3.1　インターネットの発展と消費者参加

インターネットの発展に伴って，マーケティング研究においては消費者参加の議論が活発化した。しかし，その議論の多くはインタラクティブ・マーケティング，あるいは「ワンツーワン・マーケティングを用いることで，インターネットが企業と顧客（あるいは市場）との間に安定した強いつながりを作り出すことができることを強調する」（石井［2002a］，4頁）ものであり，その消費者参加の内実はマーケティングによる個別的な「囲い込み」であった。それは，先の議論と関連させていえば，「高度情報化社会における固有の『新たな商業排除』」（江上［2003］，246頁）ということができる。

他方で，こうした私的な「囲い込み」という狭い理解を超えて，インターネットを消費者が生活課題を解決するための社会的な「コミュニティ・ツールとして評価」（石井［2002a］，9頁）しようとするネット・コミュニティの議論も展開された。この議論においては，生活課題の解決に向けた消費者間の積極的なコミュニケーションが想定されており，主体的な消費者参加がその特徴となっている。こうした消費者参加は，消費者の両価性から考えれば，勤労主義から生活主義への移行として捉えることができ，「抵抗力」の発現として理解することができる。

石井［2002b］によれば，ネット・コミュニティは，多様な価値観をもつ他者とのコミュニケーションによって「問題の理解を深める，あるいは可能な選択肢の集合の存在に気づくことができ」（81頁）る点が特徴となっており，「リフレクション」（82頁）を伴う問題解決の場であるとする。「ネット・コミュニティでは，n対nのコミュニケーションが行われ，さらにそれが不特定多数の人々に向けて，時間と空間の制約を超えて開かれている。そのため，ネット・コミュニティでは，専門的な視点からの正しい一つの答えだけではなく，さまざまな視点からの多様な答えが返ってくる」（栗木［2006］，380頁）。こうした他者とのコミュニケーションが，問題を多面的な視点から考えるためのリフレクション（自省）の契機となり，多様な解決策を導いていく。

阿部［2009］は，「インターネットに代表される『流通情報革命』のひとつの大きな特色は，これまで流通活動や流通組織の外側に置かれ，企業の働きかけの対象にすぎなかった消費者が，流通やマーケティングのひとつの構成要因として参加をはじめてきているという点である」（212頁）とする。もちろん，ネット・コミュニティにおける消費者参加は「企業の裁量の範囲内で消費者が企業の行うビジネス活動に協力させられている」（佐久間［2005］，73頁）という見方もでき，それを担う主体の位置づけは慎重に検討されなければならない。しかし，もし，生活課題の解決を他者との対話によって積極的に行おうとする自省的な消費者が現れているのだとすれば，マーケティングの私性に対する社会化の圧力となるだけでなく，それを自立的に担っていく消費者団体が現れることも十分に考えられる。

3.2 「他者性抜きの消費」のデフォルト化

江上［2003］が提示した社会的な消費者情報システムの「押し出し」も，インターネットを利用した主体的な消費者参加が前提となっている。しかし，「インターネットの利用が流通システムへの消費者の主体的参加による『理想的な公共空間の形成』に結びつくという主張と，むしろそれからの逸脱と離反をみる主張との対立」（阿部［2003］，16頁）があり，「押し出し」の可能性を探るためには，インターネット時代を生きる消費者の理解がさらに求められる。

インターネットの商用利用が本格化したのは1990年代半ばであり，そこから四半世紀以上が経過した。この間，マーケティング研究だけでなく，他の社会科学の研究領域においても，インターネット利用と消費の関係についての議論が進められてきた。ここでそれらの議論についての網羅的なサーベイを示すことはできないが，その基本的な特徴は，他者の否定性を追放し，肯定性だけを維持しようとする「他者性抜きの消費」の徹底化であり，そのデフォルト化であったということができる。

例えば，サンスティーン（Sunstein［2001］）は，こうした消費の傾向を早くから指摘しており，消費者は「検索」によって，自らの価値観に肯定的な意見だけを集め，異なる価値観をもつ他者を排除しようとするため，あたかも自分の声だけが反響するような「エコーチェンバー」（訳書80頁）をつくりだすと指摘していた。また，パリサー（Pariser［2011］）は，これを発展させるかたちで，検索システムが提供する「結果」においても，人工知能やアルゴリズムの高度化によって，自らの価値観に適合的な情報だけが濾過されて提供されるようになり，消費者は価値観が異なる他者があらかじめ排除された「フィルターバブル」（訳書23頁）の中に包み込まれていると指摘していた。

もっとも，こうした他者の否定性を排除しようとする傾向は，インターネットの登場によってオンラインで初めて生じたものではなく，資本主義の発展と結びついた消費社会化の進行によって，オフラインですでに生じていたものである（Han［2021］，訳書62-63頁）。ボードリヤール（Baudrillard）の晩年の研究においても，消費社会を特徴づけるのは他者の悪魔祓いであり，他者性の不在である（Baudrillard［1990］，塚原［2008］）。市場においては，たとえその商品の実質といえるような属性であったとしても，消費者に肯定的に評価されなければ徹底的に除去される。そうなると，市場においては「カフェイン抜きのコーヒー」や「アルコール抜きのビール」のような商品が溢れるようになり，他者とのコト的な経験においても無害化された「他者性抜きの他者」が「売れ筋」となる（Žižek［2006］，訳書70-71頁）。こうして，市場を媒介にして形成される消費社会は，否定的なものやおぞましいものを排除し，肯定的なものや清潔なものだけを受け入れようとする「肯定社会」（Han［2012］，訳書7頁）に姿を変える。

このような社会を生きる多くの消費者は，インターネットが登場すると間もなく「オンラインという濾過装置（フィルター）が提供してくれる『大いなる単純化』に誘われることになろう。……。そこでは，『快適な場所（コンフォートゾーン）』を生み出すために，同じ考えをもつ人だけが入場を許され，異論を唱える人々は阻まれる。議論そのものや議論を仕かける人を視界や記憶から消したくなったら，心を決めて『削除』キーを押すだけで十分である」（Bauman［2016］，訳書107-108頁）。また，そのような「削除」という過去の行動履歴は，個別に最適化されたフィルターバブルという「インフォメーションコクーン（情報の繭）」（Sunstein［2017］，159頁）を作成するための材料として人工知能を組み込んだ検索システムや推薦システムなどに利用され，今後，否定的な他者に遭遇するという「誤配」（東［1998］）を未然に防いでくれる。

こうして，肯定社会を生きる消費者は，インターネットの後押しによって「他者の地獄から同一者のエクスタシーへ，他者性から自己同一性の人工楽園へと移行」（Baudrillard［1990］，訳書82-83頁）を進め，インターネット時代の消費では「他者性抜きの消費」がさらに徹底化され，それがデフォルトとなる。

3.3　消費環境の液状化と「選んでいる人」としての消費者

インターネット利用による消費者参加で想定されていた主体は，生活主義への移行，ないしは「抵抗力」の発現によって，問題解決のために積極的に他者とコミュニケーションを行おうとする自省的な消費者であった。この自省的な消費者像は，マーケティング研究においては，「ポストモダン」と呼ばれる消費の広がりを受けて，その様相を理解するために設定された比較的新しい像である。それゆえ，その根底には，「大きな物語」という単一の価値観が崩壊し，多様な価値観との共存をはかる「ポストモダン」的主体の，他者に対する寛容な態度が暗黙裡に想定されていたといえる。それは，例えば「解放のポストモダニズム」と呼ばれるミクロの消費実践として評価されることもあった（Firat & Venkatish［1995］）。

しかし，インターネット時代における消費の特徴はこれとは対称的であり，「他者性抜きの消費」が徹底化されている。そこでの消費者は否定的な他者が侵入することがない「情報の繭」の中で「自己反省を経由せず，そして内的な自律性を欠いたまま，個人情報が規定する自己に同一化する」（大澤［2013］，165頁）主体である。それは，反射的主体として理解されることもある「考えない」主体であり，ここでは，自省的な消費者像で想定されていた「『ポストモダン』的主体は，……〈他者〉からいうなれば撤退している」（Žižek［1993］，訳書417頁）。

こうした状況が生まれたのは，拡大することが自己目的化している資本の消費に対する「終わりなき誘惑」によって，消費環境が「リキッド（液状）化」（Bardhi & Eckhardt［2017］，久保田［2020］）していることがその一つの要因として考えられる。この概念の提唱者であるバウマン（Bauman［2005］）によれば，資本主義における消費社会の繁栄は，社会の固定化ではなく，流動化・液状化させることに基づいている。この液状化とは，「そこに生きる人々の行為が，一定の習慣やルーティンへと〔あたかも液体が固体へと〕凝固するより先に，その行為の条件の方が変わってしまう」（訳書７頁）ことをいう。そこでの秩序はいつも流動的であり，消費者はどのような選択を行っても確からしさを維持することができず，選択の有効期限は「『追って通知のあるまで』のものにすぎないという不安定な状態」（訳書62頁）にある。つまり，液状化した消費環境においては，「選択すること自体は，いつも避けられないものとして強制され」（訳書157頁）ており，消費者は「選んでいる人」（訳書63頁）として生きることを余儀なくされている。しかし，それが永遠に満足しない消費者，あるいは消費の「短命性」を生み出し，枯渇しない市場の基礎となる。

この消費環境の液状化をメゾ・マクロの水準で押し進めるのが，「終わりなき」マーケティング競争である。石原［1982a］が提示した「競争的使用価値」に対する消費者の「具体的欲望」とは，まさにその有効期限が「追って通知のあるまで」の液状化した欲望であり，排他的な価値実現をめざすマーケティング競争は，特定の銘柄と結びついた具体的欲望が永続的に固定化されることを許さない（河田［2018］）。「マーケティングにはコツがあって，選択が確定しそうになったり，欲求が満たされそうになったら，その妨害に専念すること」（Bauman［2005］，訳書64頁）であり，昨日までは価値があるものとして見えていた消費規範（選択前提）も，今日には価値がないものとして市場のゴミ箱へ捨てられる。マーケティング競争が続いていく限り，消費者は絶えざる選択前提の相対化によって「選んでいる人」として生きることを強制される（河田［2022］）。さらに，そのような選択前提の相対化が極度に進めば，どのような選択も「人それぞれ」となり，消費者は「『議論の落としどころを探れない他者』につねに悩まされる」（東［2015］，107頁）ことになる。

こうした液状化した消費環境においては，他者との対話から撤退し「考えないこと」，つまりは，心地よい結果をもたらした過去の選択に固着し，積極的に「選択しないこと」が「選んでいる人」としての消費者の最善の選択になる。インターネット時代の消費においては，個別に最適化された「情報の繭」が作成されており，過去の選択（クリック）と矛盾しない結果がいつも導かれるようになっている。もちろん，それは「過去のクリックが今後目にするものを決める情報の決定論のような状況になってしまい，ただただ，過去と同じことを繰り返すだけになってしまう……，エンドレス・ミーというループ」（Pariser［2011］，訳書32頁）を形成することになる。しかし，液状化した消費環境で溺れている消費者は，そのような変化が閉ざされた少しでも固体化していそうな環境こそを求めており，ここに「考えないこと」や「選択しないこと」に価値を置く「スマートな消費文化」が形成される素地がある。

3.4　商業監視が形成する「消費のトレッドミル」

消費者情報システムの自立化論においては，他ならぬマーケティングの私的な説得活動が消費者の「抵抗力」を発現させ，それが下からの「押し出し」の圧力となるはずであった。しかし，そのような想定とは異なり，価値実現競争を媒介にした「終わりなき」マーケティングの私的な説得活動は，液状化した消費環境を生み出すことにつながり，そのなかで「選んでいる人」として溺れている消費者は，「考えること」や「選択すること」をやめて「情報の繭」が導いてくれる「大いなる単純化」に身を委ねるようになっている。

この「情報の繭」をつくりだすのが，検索事業やソーシャル・メディアの交流事業などを展開するプラットフォーマーと呼ばれる主体であり，情報のやり取りによって取引を仲介する「情報商業」（石原［1991］，51頁）の機能を中心的に果たしながら，瞬く間に情報流通の支配を拡大した。だが，ここで問わなければならないのは，プラットフォーマーは「情報の繭」をどのような目的で，誰のためにつくっているのかということである。言い換えれば，この「情報商業」と呼ぶべきプラットフォーマーは，マーケティングの私性から独立した社会性を備えているのかということである。

これについては，ズボフ（Zuboff［2019］）が提示する「監視資本主義」という概念によって，すでに答えが与えられている。それは，検索事業や交流事業などによって消費者に提供される「情報の繭」は，「広告収入」を目的として「広告主」のためにつくられている可能性が高いということである。ズボフ［2019］によれば，「かつては検索の品質向上のためだけに使われていた行動データが，今ではダイナミックなオンライン広告市場を構築するために欠かせない原材料」（訳書89頁）として，あるいは「行動余剰」（同上）としてプラットフォーマーに監視・捕捉されており，消費者の「日々の生活がインターネットに依存していることが，商業監視プロジェクトの核になっている」（訳書11頁）とする。

ここでもう少し議論を整理すると，プラットフォーマーは両面市場（多面市場）のネットワーク効果を活用して，２種類（それ以上）の参加者，ここでは消費者と広告主を仲介することで収益を上げている（矢作［2021］，254-255頁）。この両面市場においては，一方の消費者の参加料は「無料」とし，他方の広告主の参加料は「有料」として「広告料」を徴収する。それは，参加料を「無料」にして多くの消費者を集めることができれば，広告主はそれに魅力を感じ，高い広告料を支払って参加するようになるからである。

さらに，そこでの商業監視によって捕捉された消費者の行動データは，検索システムや推薦システムなどで用いられる人工知能の機械学習の原材料として利用される。それが，個別に最適化された「情報の繭」をつくりだすとともに，予測精度の高いターゲティング広告の提供につながり，広告主はそのような品質の高いサービスにさらに高い参加料を支払う。こうして，プラットフォーマーは公共的な情報空間であるインターネットを，マーケティングの私性と結びついた「広告大陸へと変える」(Kirkpatrick［2010］，訳書375頁）ことを積極的に試みるようになる。そうであれば，プラットフォーマーがつくる「情報の繭」は，広告主のために消費者を走り続けさせている「消費のトレッドミル」(Sunstein［2017］，訳書232頁）でしかなく，そこに社会性を見出すことはできない。

大澤［2021］によれば，プラットフォーマーの収益は両面市場における「偽装された共有地と私有地のギャップから生まれている」(230頁）とする。つまり，プラットフォーマーは公共的な情報空間であるはずのインターネットを私有地として囲い込み，一方の消費者に対しては，それを共有地のように偽装して「無料」で自由に使用することを許し，他方の広告主に対しては，私有地として使用したければ「有料」のレント（広告料）を支払うように求めるということである。もちろん，ズボフ［2019］が指摘するように，消費者に自由に使用を許している「偽装された共有地」は「私有地」としてプラットフォーマーにしっかり活用されており，行動余剰を捕捉するための商業監視の対象となっている。

近年では，こうした商業監視に気づいている消費者も多い。しかし，プラットフォーマーは，「インターネットサービスを『無料で』提供するするために必要な代償だと説明」(Zuboff［2019］，訳書56頁）し，消費者に監視されることを求める。さらにいえば，液状化した消費環境で「選んでいる人」として溺れている消費者にとっては，商業監視はもはや脅威ではなく誘惑であり，「考えること」や「選択すること」をやめて進んで監視されるようになっている。ここで現れているのは，消費者の「批判的意識」や「抵抗力」ではなく，いうなれば「疑念の自主的棚上げ」(Sennet［2006］，訳書163頁）であり，プラットフォーマーはこのような「考えない」消費者を「消費のトレッドミル」に取り込んでいく。

4　公共的な消費者情報システムの可能性

消費者が積極的にプラットフォーマーの監視を求め,「考えない」主体として能動的に受動的な存在となっている状況においては，公共的な消費者情報システムの「押し出し」は進展しない。この消費者の「考えない」という態度は,他者との対話によって，自分の価値観や考え方を柔軟に改訂する用意がないということであり，自分が「変化」する可能性に開かれていないということである。それは，消費における「学習」プロセスの停止を意味しているが，インターネット時代の消費においてはそれが「スマート」である。

この問題については，江上［2012］もすでに指摘しており，消費者学習論を展開しながら,「○○を欲する『自分』」･「○○が好きな『自分』」という「当事者の視点」から，それを「なぜ」と相対化して「考える」ことができる「分析者の視点」へ「変化」することを消費者自らが拒んでおり，消費における「学習」プロセスが停止していることが現在の特徴であるとする（221-230頁）。さらに，江上［2016］はインターネット時代の消費においては,「複雑さの中にある『他者』に出会う可能性が低く」(35頁）なることで，学習による「変化」の可能性がさらに閉ざされており,「多様な価値観に基づく自立的な情報化社会における『ライフ・スタイル』をどう培うか」(同上）が，公共的な消費者情報システムの「押し出し」を生み出すための鍵になるとする。

しかし，本章でも確認してきたように，その道のりは長いといえる。液状化した消費環境で「選んでいる人」として溺れている消費者は，少しでも固体化されていそうな環境を求めて，他者との対話から撤退し，学習による「変化」の可能性を自らが閉ざしている。それゆえ，サンスティーン［2017］は，そのような閉じた環境のなかに，他者との予期せぬ出会いを促す「セレンディピティ（偶然の出会い）ボタン」(訳書308頁）を配置し，学習を促すことを提案するわけであるが，近年の研究においてはそれも逆効果であることが指摘されるようになっている。例えば，ベイル（Bail）［2021］は，ソーシャル・メディアで行った大規模なフィールド実験から，他者との対話や対立見解との接触によって「考えること」が促され，穏健で見識の広い市民になるという主張は

「おとぎ話」（訳書43頁）でしかなく，「対立見解に接触した人はそれまでの意見を強めうる，という結果を得た」（訳書23頁）とする。

現在の消費においては，「考えること」を惹起させるものは「スマート」ではなく，対立見解をもたらす否定的な他者は市場では「死に筋」となり，学習による「変化」をもたらさない「わかりやすい」ものだけが求められている。ここで失われているのは，「わからない」他者と向き合うための耐性である。そもそも，「他者とは，わたしが無限にわたし自身を反復することを許さない何ものか」（Baudrillard［1990］，訳書236頁）であり，いつでもわたしの想像が及ばない「わからない」存在として現れる。

こうした「わからない」ものと向き合う力は，近年では「ネガティブ・ケイパビリティ（negative capability）」（帚木［2017］，3頁）として注目されるようになっており，それは「どうにも答えの出ない，どうにも対処しようのない事態に耐える能力」（同上），あるいは「性急に証明や理由を求めずに，不確実さや不思議さ，懐疑の中にいることができる能力」（同上）として説明される。おそらく，こうした能力が他者との対話を可能にし，多様な価値観と共存する「ライフ・スタイル」の形成につながるのかもしれないが，資本の回転速度を鈍化させる能力は，市場では文字通りの意味で「負」の能力であり，決して歓迎されることはない。

そうであれば，こうした負の能力をいかに培い，それを拒絶する市場に密輸入するのか，さらには，「わからない」ものとして市場から排除される他者との共存をいかにはかるのかが，資本の論理と結びついたシステムの暴走にブレーキをかけ，公共的な消費者情報システムを構築していくための課題となるだろう。消費文化理論（CCT）は，単に支配的な消費パターンを分析するだけではなく，そこからの逸脱として扱われる他者にも目を向ける。こうしたクリティカルな視点を含んでいる点がこの理論の可能性であり，それが豊かな社会の構想や社会的実践につながっていく。

＜参考文献＞

Bail, C.［2021］*Breaking the Social Media Prism*, Princeton University Press.（松井信彦訳『ソーシャルメディア・プリズム』みすず書房，2022年）

Bardhi, F. & Eckhardt, G. M.［2017］Liquid Consumption, *Journal of Consumer Research*, Vol.44, No.3, pp.582-597.

Baudrillard, J.［1990］*La Transparence du Mal*, Galilée.（塚原史訳『透きとおった悪』紀伊國屋書店，1991年）

Bauman, Z.［2005］*Liquid Life*, Polity Press.（長谷川啓介訳『リキッド・ライフ』大月書店，2008年）

Bauman, Z.［2016］*Strangers at Our Door*, Polity Press.（伊藤茂訳『自分とは違った人たちとどう向き合うか』青土社，2017年）

Firat, A. F. & Venkatesh, A.［1995］Liberatory Postmodernism and the Reenchantment of Consumption, *Journal of Consumer Research*, Vol.22, No.3, pp.239-267.

Han, B.［2012］*Transparenzgesellschaft*, Matthes & Seitz.（守博紀訳『透明社会』花伝社，2021年）

Han, B.［2021］*Infokratie*, Matthes & Seitz Verlag.（守博紀訳『情報支配社会』花伝社，2022年）

Hirschman, E. C. & Ronald, W. S.［1980］Roles of Retailing in the Diffusion of Popular Culture, *Journal of Retailing*, Vol.56, No.1, pp.16-36.

Kirkpatrick, D.［2010］*The Facebook Effect*, Random House.（滑川海彦・高橋信夫訳『フェイスブック』日経BP社，2011年）

Pariser, E.［2011］*The Filter Bubble*, Penguin Press.（井口耕二訳『フィルター・バブル』早川書房，2016年）

Sennett, R.［2006］*The Culture of the New Capitalism*, Yale University Press.（森田典正訳『不安な経済／漂流する個人』大槻書店，2008年）

Sunstein, C. R.［2001］*Republic. Com*, Princeton University Press.（石川幸憲訳『インターネットは民主主義の敵か』毎日新聞社，2003年）

Sunstein, C. R.［2017］*#Republic*, Princeton University Press.（伊達尚美訳『#リパブリック』勁草書房，2018年）

Žižek, S.［1993］*Tarrying with the Negative*, Duke University Press.（酒井隆史・田崎英明訳『否定的なもののもとへの滞留』筑摩書房，2006年）

Žižek, S.［2006］*How to Read Lacan*, Granta Books.（鈴木晶訳『ラカンはこう読め！』紀伊国屋出版，2008年）

Zuboff, S.［2019］*The Age of Surveillance Capitalism*, PublicAffairs.（野中香方子訳『監視資本主義』東洋経済新報社，2021年）

東浩紀［1998］『存在論的，郵便的』新潮社。

東浩紀［2015］『一般意思2.0』講談社。

阿部真也［2003］「流通研究はどこまで進んだか」阿部真也ほか編『流通経済から見る現代』ミネルヴァ書房，1-20頁。

阿部真也［2009］『流通情報革命』ミネルヴァ書房。

飯尾要［1975］『現代流通システムの構造』新評論。

石井淳蔵［2002a］「誰かと一緒に何かをやりたい」石井淳蔵・厚美尚武編『インターネット社会のマーケティング』有斐閣，1-16頁。

石井淳蔵［2002b］「コミュニティとコミュニティ・サイトの理論的基礎」石井淳蔵・厚美尚武編『インターネット社会のマーケティング』有斐閣，76-108頁。

石原武政［1982a］『マーケティング競争の構造』千倉書房。
石原武政［1982b］「商業資本の自立性と社会性」『経営研究』第33巻第４号，27-47頁。
石原武政［1983］「今なぜ『流通と情報』か」『日本商業学会年報1983』１-12頁。
石原武政［1991］「流通組織の内部編成と社会性」石原武政・小西一彦編『現代流通の動態分析』千倉書房，33-54頁。
上原征彦［1999］『マーケティング戦略論』有斐閣。
宇野常寛［2020］『遅いインターネット』幻冬舎。
江上哲［2003］「マーケティング・チャネルの変容と消費者情報の公共化」阿部真也ほか編『流通経済から見る現代』ミネルヴァ書房，244-274頁。
江上哲［2012］『ブランド戦略から学ぶマーケティング』ミネルヴァ書房。
江上哲［2016］「ネット社会における消費意識の行方」阿部真也ほか編『インターネットは流通と社会をどう変えたか』中央経済社，18-35頁。
大澤真幸［2013］『生権力の思想』筑摩書房。
大澤真幸［2021］『新世紀のコミュニズムへ』NHK出版。
河田祐也［2018］「創造的適応としてのマーケティングと内閉的な『個性』」『産業経営プロジェクト報告書』第41巻第２号，63-75頁。
河田祐也［2022］「『選んでいる人』としての消費者像の素描」『経済集志』第92巻第２号，83-96頁。
久保田進彦［2020］「消費環境の変化とリキッド消費の広がり」『マーケティングジャーナル』第39巻第３号，52-65頁。
栗木契［2006］「仮想経験が拡充するネット・コミュニティのビジネス・モデル」石井淳蔵・水越康介編『仮想経験のデザイン』有斐閣，367-394頁。
佐久間英俊［2005］「インターネット・マーケティングと消費者」山口重克ほか『ITによる流通変容の理論と現状』御茶ノ水書房，55-84頁。
田村晃二［2002］「情報縮約・斉合の原理と商業者の社会性」『経営研究』第53巻第３号，171-188頁。
田村正紀［1980］「商業部門の形成と変動」鈴木安昭・田村正紀『商業論』有斐閣，43-82頁。
塚原史［2008］『ボードリヤール再入門』御茶の水書房。
戸谷洋志［2022］『スマートな悪』講談社。
帚木蓬生［2017］『ネガティブ・ケイパビリティ』朝日新聞出版。
風呂勉［1968］『マーケティング・チャネル行動論』千倉書房。
森下二次也［1977］『現代商業経済論〔改訂版〕』有斐閣。
森下二次也［1993］『マーケティング論の体系と方法』千倉書房。
矢作敏行［2021］『コマースの興亡史』日本経済新聞出版。

エピローグ

マーケティングや消費研究を続ける中で，袋小路に入ってしまったと感じる経験をしたことがある。断片的な消費が目立つようになりそれを追うようにポストモダンと称される消費分析が盛んになりつつあった頃のことである。確かに現実は，マスとして消費者を捉えて分析をおこなうよりも，一人ひとりの消費者の行動に焦点を当てるミクロな研究に向かわざるを得ないことを示していた。友人たちの生活を見ていても誰一人として似たような暮らしをしているようには見えなかった。しかし他方でとるに足らない人々の消費活動を対象にして研究をおこなったところで理論的に意義のある研究成果を生み出せるとは到底思えない。マクロの消費パターンを明らかにしようとしても，アメリカ的生活様式はすでに崩壊してしまっており，それに取って代わる消費パターンがはっきりとした姿を表す気配は感じられなかったのである。

そのような時に出会ったのが消費文化理論（CCT）であった。2005年春のロードアイランド大学における消費者行動論の博士課程の授業にオブザーバー出席した時のことである。春のクラスが終わり，ひとりニューイングランドの森を見下ろす静かな図書館で，主要な論文に再度目を通していった。消費文化理論では，これまでの消費研究ではノイズとして除外されてきた一見奇妙なミクロの消費者の行為についての研究にも場所が与えられていたし，構造的で歴史的な消費パターン研究の重要性も繰り返し説かれていた。

本書は，研究者間のプライベートなつながりによってはじまったCCT研究会におけるプロジェクトの成果である。最初は私が担当していた熊本学園大学の大学院生を中心にはじまり，そしていくつかのプロジェクトをともにしてきた若い研究仲間たちが加わり研究会を重ねることになった。学会のたびに終了後の大学の教室に残ったり，京都や新宿のコワーキングスペースに移動して開催したりしながら回を重ね，やがてその成果は，日本商業学会をはじめとする学会・研究会で発表されることになった。

2018年に九州産業大学で開催された日本流通学会全国大会では，消費文化のセッションが設定され，多くの会員の参加を得ることになった。その時に，カルチュラルスタディーズの成果を多国籍企業論に導入していた鹿児島県立短期大学の瀬口毅士先生にお願いして報告者に加わっていただいた。また私が研究の拠点を東京に移してしばらくして，東洋学園大学の本庄加代子先生とお会いする機会を得た。御茶ノ水のカフェで，研究会事務局を担当している旭川市立大学の田中晃子先生を含めた３人でCCT研究の可能性と困難性について愉快に語り合った。意気投合した本庄先生にも研究会にご参加いただけることになり，本プロジェクトの全容が定まったのである。出版へ向けて執筆者全員が研究会で報告をおこない，楽しくそして時に厳しく議論が交わされた。

本書では，資本主義の変質を踏まえた消費パターンについての理解，都市に生息するクリエイティブ・クラスやノマドに対するインタビュー，カルチュラル・ブランディングの事例分析，多国籍企業論や伝統的商業論と消費文化理論の接続可能性の模索など，多様な試みを展開している。もっとも私たちは端緒についたに過ぎない。今後研究が向かうべき題材は多い。第１に，都市部はもとより地域的な広がりを持った消費分析は大きな可能性を有している。リキッド化＝流動性の高まりは，地域社会にも変動をもたらしているものと思われる。第２に，カルチュラル・ブランディングの事例分析は，日本においてははじまったばかりであり，その分析手法を用いた過去の広告クリエイティブの解釈も意義深いと思われる。そして第３に，これらすべてに関わり，インターネットが私たちの生活のいたるところに介在する社会の消費分析を体系的に再構築する必要がある。私たちの試みが，今後の消費文化理論の展開にとって何らかの参考になり得るとしたらこの上ない喜びである。

最後に本書ができるまでにお世話になった方々に感謝申し上げたい。埼玉大学名誉教授の薄井和夫先生には，私がニキレシュ・ドラキア博士のもとで在外研究することを助けていただいたことにはじまり，先生が代表世話人をつとめた流通経済研究会では私たちに発表の機会をいただいただけではなく，先生ご自身も報告に立たれ私たちの研究を鼓舞してくださるなど，常に温かく研究を見守っていただいている。深く感謝したい。また元日本大学教授の江上哲先生には，陰ながら我々の研究の進展を心配していただき側面からご支援いただいた。お礼申し上げる。そして熊本におけるトマ・ピケティ『21世紀の資本』研究会時代からずっと我々の研究に伴走していただいた駒澤大学の同僚でもある大野哲明教授には，最後までお世話になった。継続的なご厚意に謝意を表したい。神田の中央経済社の旧社屋に，学術書編集部経営担当編集長である納見伸之氏と同部の浜田匡氏を訪ねて，企画を説明させていただいたのは，コロナ最盛期の2021年春であった。これまでにもいくつかの出版でお世話になっている信頼のおける編集者に，今回も心地よいサポートを提供していただいたことを記して，感謝申し上げる次第である。他にも実に多くの人たちのご支援を受けながら，この本を世に出すことができる。関係していただいたすべての皆さんに謝意を表したい。

2023年７月31日
午前10時に外気温が35度に達した東京のオフィスにて

吉村純一

索　引

◉人名・企業名索引

■英　数

■あ　行

■か　行

■さ　行

■た　行

■な　行

■は　行

■ま　行

■や　行

■ら　行

◉事項索引

■英　数

■あ　行

■か　行

■さ　行

■た　行

■な　行

■は　行

■ま　行

■や　行

■ら　行

■執筆者紹介（執筆順）

吉村　純一（よしむら・じゅんいち）　…［編者，プロローグ，第３章，エピローグ］

駒澤大学経済学部教授。博士（商学）。
福岡大学大学院商学研究科博士課程後期満期退学。熊本学園大学商学部教授，ロードアイランド大学客員研究員などを経て，現職。

主著：『マーケティングと生活世界』（ミネルヴァ書房，2004年）
　　　『インターネットは流通と社会をどう変えたか』（編著，中央経済社，2016年）
　　　『流通経済の動態と理論展開』（編著，同文舘出版，2017年）など

中西　大輔（なかにし・だいすけ）　…［第１章］

駒澤大学経済学部准教授。
日本大学大学院経済学研究科博士後期課程単位取得満期退学。岐阜経済大学（現・岐阜協立大学）経営学部講師，准教授を経て，現職。

主著：『流通動態と消費者の時代』（共著，白桃書房，2013年）
　　　『格差社会と現代流通』（共著，同文舘出版，2015年）
　　　『インターネットは流通と社会をどう変えたか』（共著，中央経済社，2016年）など

草野　泰宏（くさの・やすひろ）　…［第２章］

中村学園大学流通科学部准教授。博士（商学）。
熊本学園大学大学院商学研究科博士後期課程満期退学。名桜大学国際学群准教授などを経て，現職。

主著：「現代のまちづくりと市民参加」『流通』（日本流通学会，2010年，第26号）
　　　「荒れる成人式消費に関する研究」『熊本学園商学論集』（2020年，第24巻第１号）
　　　『現代流通事典（第３版）』（共著，白桃書房，2023年）など

本庄　加代子（ほんじょう・かよこ）　…［第４章］

東洋学園大学現代経営学部教授。
慶應義塾大学大学院修士課程修了。神戸大学大学院経営学研究科博士課程満期退学。株式会社博報堂コンサルティング勤務を経て，現職。

主著：『ブランド戦略全書』（共著，有斐閣，2014）
　　　『マーケティング戦略』（共著，産能大学出版，2016）
　　　「ブランド研究におけるカルチュラルブランディングの意義の理解」『マーケティングジャーナル』（日本マーケティング学会，2020年，第39巻第４号）など

田中　晃子（たなか・あきこ）　…［第5章］

旭川市立大学経済学部准教授。博士（商学）。
熊本学園大学大学院商学研究科博士後期課程修了。

主著：「ブランド戦略におけるジェンダー」『流通』（日本流通学会，2018年，第43号）
「消費パターンとブランド戦略の相互関係についての分析」『熊本学園商学論集』（2019年，23巻2号）
「ブランド・アイデンティティの継承と転換」『旭川大学経済学部紀要』（2022年，第81号）など

井口　詩織（いぐち・しおり）　…［第6章］

岐阜協立大学経営学部講師。
日本大学大学院経済学研究科博士後期課程満期退学。

主著：「SNSを活用する商業と消費者の関係性」『流通』（日本流通学会，2018年，第42号）
『買い物弱者とネット通販』（共著，図書出版くんぷる，2019年）
『日系小売企業の国際展開　日本型業態の挑戦』（共著，中央経済社，2022年）など

瀬口　毅士（せぐち・たけし）　…［第7章］

鹿児島県立短期大学商経学科准教授。博士（経営学）。
中央大学大学院商学研究科博士課程後期課程修了。

主著：『Industrial Renaissance: New Business Ideas for the Japanese Company』（共著，Chuo University Press，2017年）
「The Market Strategy of MNCs and Its Cultural Influence on Society」（『鹿児島県立短期大学地域研究所研究年報』第49号，2018年）
『SDGs時代を拓くグローバル・ビジネスの挑戦』（共著，中央大学出版部，2023年）など

河田　祐也（かわた・ゆうや）　…［第8章］

熊本学園大学商学部准教授。
日本大学大学院経済学研究科博士後期課程満期退学。旭川大学経済学部准教授を経て，現職。

主著：『インターネットは流通と社会をどう変えたか』（共著，中央経済社，2016年）
『流通経済の動態と理論展開』（共著，同文舘出版，2017年）
『よくわかる流通論』（共著，ミネルヴァ書房，2022年）など

消費文化理論から見るブランドと社会

2024年３月20日　第１版第１刷発行

編著者　吉　村　純　一
発行者　山　本　継
発行所　㈱　中　央　経　済　社
発売元　㈱中央経済グループ
パブリッシング

〒101-0051　東京都千代田区神田神保町1-35
電話　03（3293）3371（編集代表）
03（3293）3381（営業代表）
https://www.chuokeizai.co.jp
印刷／三英グラフィック・アーツ㈱
製本／㈲　井　上　製　本　所

ISBN978-4-502-49321-8　C3034